AF192594

Guia de l'exposició
Guía de la exposición
Exhibition guide

ORÍGENS

EL MAS DE MENENTE I LA MOLA ALTA DE SERELLES AL MUSEU DE PREHISTÒRIA DE VALÈNCIA

Tresors del Museu de Prehistòria

ORÍGENS

El Mas de Menente i la Mola Alta de Serelles al Museu de Prehistòria de València

Tresors del Museu de Prehistòria

Desembre 2024 - Maig 2025

DIPUTACIÓ DE VALÈNCIA
President
Vicente J. Mompó Aledo

Diputat de Cultura
Paco Teruel Machí

MUSEU DE PREHISTÒRIA DE VALÈNCIA
Directora
María Jesús de Pedro Michó

Cap de negociat de disseny i producció d'exposicions
Laura Fortea Cervera

EXPOSICIÓ / EXPOSICIÓN

Comissariat / Comisariado
Francisco Javier Jover Maestre
Gabriel García Atiénzar

Coordinació tècnica / Coordinación técnica
Eva Ripollés Adelantado

Projecte museogràfic / Proyecto museográfico
Rocamora Diseño y Arquitectura

Audiovisual / Audiovisual
Gran Angular Indústries Culturals

Recreació virtual 3D / Recreación virtual 3D
Instituto Universitario de Investigación en Arqueología y Patrimonio Histórico de la Universidad de Alicante (INAPH)
Daniel Tejerina Antón

Fons exposats / Fondos expuestos
Museu de Prehistòria de València
Museu Arqueològic Municipal Camilo Visedo Moltó d'Alcoi

Imatges / Imágenes
Arxiu SIP - Museu de Prehistòria de València
Universitat de València
Museu Arqueològic Municipal Camilo Visedo Moltó d'Alcoi

Instituto Universitario de Investigación en Arqueología y Patrimonio Histórico de la Universidad de Alicante (INAPH)
Ignacio Segura Martínez
Família de Ernesto Botella Candela

Restauració materials arqueològics / Restauración materiales arqueológicos
Trinidad Pasíes Oviedo
Ramón Canal Roca
Carla Renovell Anglés

Gestió documental / Gestión documental
Laura Acosta Pradillo
Alicia Gimeno Jareño

Rèpliques arqueològiques / Reproducciones arqueológicas
Francisco Belmar Caballero
Mara Peiró Ronda

Producció i muntatge instal·lacions / Producción y montaje instalaciones
Cuadros Textiles Lumimark
Metálicas Rocamora
Arque·Type
Órdago Producciones
Projectable Estudio
Instalaciones tecnológicas de Elche
Carpintería Sebastián López
Símbols Senyalització Integral
Pinazo Decoraciones

GUIA / GUÍA

Coordinació edició / Coordinación edición
Mª Jesús de Pedro Michó

Autors / Autores
Francisco Javier Jover Maestre
Gabriel García Atiénzar
Trinidad Pasíes Oviedo
Ramón Canal Roca
Carla Renovell Anglés
Eva Ripollés Adelantado

Disseny catàleg / Diseño catálogo
Ausiàs Poquet

Supervisió edició / Supervisión edición
Laura Fortea Cervera
Eva Ferraz García

Traducció valencià i castellà / Traducción valenciano y castellano
David Verdejo Arrué

Imatges / Imágenes
© Arxiu SIP. Museu de Prehistòria de València
© Marcos Soria Roca
© Universitat de València
© Museu Arqueològic Municipal Camilo Visedo Moltó d'Alcoi

Impressió / Impresión
Impremta Diputació de València

Edita
Museu de Prehistòria de València
Diputació de València

© dels texts/de los textos: els autors
© de les imatges/de las imágenes:
els autors o institucions propietàries
© de l'edició/de la edición: Diputació de
València. Museu de Prehistòria, 2025
I.S.B.N. 978-84-7795-598-6
D.L.: V-1310-2025

Equipament audiovisual / Equipamiento audiovisual
Sonoidea
Runasep

Programa didàctic / Programa didáctico
Unitat de Difusió, Didàctica i Exposicions
Galipat Servizos Culturais

Difusió i xarxes socials / Difusión y redes sociales
Begonya Soler Mayor
Francisco Pavón Tudela

Ajudants de muntatge / Ayudantes de montaje
Isabel Carbó Dolz
María Jesús Navarro Máñez

Gestió administrativa / Gestión administrativa
Ana Beltrán Olmos
Manuel Bayona Gimeno
Jorge Pallarés Bonet

Impressió material de difusió / Impresión material de difusión
Impremta Provincial de la Diputació de València

Traducció i correcció texts valencià-castellà / Traducción y corrección textos valenciano-castellano
David Verdejo Arrué

Traducció texts a l'anglès / Traducción textos en inglés
Michael Maudsley

Assegurances / Seguros
Allianz

Organització i producció / Organización y producción
Diputació de València - Museu de Prehistòria de València

Agraïments personals / Agradecimientos personales
Bernat Martí Oliver
Mauro S. Hernández Pérez
Joan Emili Aura Tortosa
José María Segura Martí
Família de Ernesto Botella Candela
Guillem Pérez Jordà
Ángel Sánchez Molina
Jaime Vives-Ferrándiz Sánchez
Ignacio Segura Martínez
Ricardo E. Basso Rial
María Pastor Quiles

ÍNDEX / ÍNDICE

Plànol exposició
Plano exposición

SALIDA

PRESENTACIÓ
María Jesús de Pedro Michó
Directora

PRESENTACIÓN
María Jesús de Pedro Michó
Directora

Entre 1866 i 1868, Juan Vilanova y Piera, catedràtic de Geologia i Paleontologia i introductor de la ciència prehistòrica a l'Estat espanyol, efectuà diverses visites al Castellet del Porquet de l'Olleria, jaciment excavat amb anterioritat per José Pla entre 1845-1846. Acompanyat pel seu deixeble, el jove Eduard Boscà, visità també el Molló de les Mentires d'Aielo de Malferit, el Tossal Redó i el Tossal del Caldero de Bellús, els quals interpretà com a dòlmens o túmuls funeraris.

Estes excursions seran l'estímul per a la creació d'una comissió, impulsada pel rector de la Universitat de València, per a excavar al Molló de les Mentires. El 1869 es realitza una curta campanya a càrrec de Rafael Cisternas, catedràtic d'Història Natural, juntament amb Boscà, en el transcurs de la qual hagué d'intervindre el governador de València. La raó va ser que els terrenys on es localitzava el jaciment no estaven en les terres del marqués de Malferit, com es pensava, sinó que eren de propietat municipal. L'actuació del governador facilità el permís de l'ajuntament per a fer l'excavació, davant de la insistència

Entre 1866 y 1868, Juan Vilanova y Piera, catedrático de Geología y Paleontología e introductor de la ciencia prehistórica en el Estado español, efectuó diversas visitas al Castellet del Porquet de L'Olleria, yacimiento excavado con anterioridad por José Pla entre 1845-1846. Acompañado por su discípulo, el joven Eduardo Boscá, visitó también el Molló de les Mentires de Aielo de Malferit, el Tossal Redó y el Tossal del Caldero de Bellús, los cuales interpretó como dólmenes o túmulos funerarios.

Estas excursiones serán el estímulo para la creación de una comisión, impulsada por el rector de la Universitat de València, para excavar en el Molló de les Mentires. En 1869 se realiza una corta campaña a cargo de Rafael Cisternas, catedrático de Historia Natural, junto con Boscá, en el transcurso de la cual tuvo que intervenir el gobernador civil de València. El motivo fue que los terrenos donde se localizaba el yacimiento no estaban en las tierras del marqués de Malferit, como se creía, sino que eran de propiedad municipal. La actuación del gobernador facilitó el permiso del ayuntamiento para hacer la excavación, ante la insistencia de la Universitat, prueba

9

de la Universitat, cosa que prova l'interés que aleshores despertava la nova ciència arqueològica[1]. A la fi, els materials recuperats en la intervenció es consideren perduts.

Mentre, Vilanova, sense prestar atenció a esta intervenció, presentava a Copenhaguen el plànol del Molló de les Mentires que havia fet el seu germà José.

Ambdós episodis es vinculen als primers descobriments de l'Edat del Bronze en terres valencianes, els quals contribuïren a reconéixer la singularitat dels jaciments quant a la seua atribució cultural i cronològica.

El 1909, Isidre Ballester i Tormo, en prospectar el Castellet del Porquet, diu que no es tracta d'un dolmen o túmul, sinó d'un despoblat, així com l'Altet de Fontanars i el Sercat de Gaianes; o els ja esmentats del Tossal Redó i del Tossal del Caldero on realitzà excavacions el 1922. El 1924 Fernando Ponsell descobrix a Alcoi el jaciment del Mas de Menente, que excava el 1925, i entre 1925 i 1928 s'excava també la Mola Alta de Serelles per part d'Ernesto Botella, Lluís Gisbert i Santiago Reig. El mateix Camilo Visedo, el 1925, destaca l'activitat arqueològica alcoiana, emfatitzant el nombre i la situació dels poblats, sempre estratègics i dominants. Ambdós excavacions es publiquen el 1926 en les memòries de la Junta Superior de Excavaciones y Antigüedades (JSEA) i obtenen un gran ressò que afavorix la continuïtat dels treballs

del interés que por aquel entonces despertaba la nueva ciencia arqueológica[1]. Al final, los materiales recuperados en la intervención se consideran perdidos.

Mientras, Vilanova, sin prestar atención a esta intervención, presentaba en Copenhague el plano del Molló de les Mentires que había hecho su hermano José.

Ambos episodios se vinculan con los primeros descubrimientos de la Edad del Bronce en tierras valencianas que contribuyeron a reconocer la singularidad de los yacimientos en cuanto a su atribución cultural y cronológica.

En 1909, Isidro Ballester Tormo, al prospectar el Castellet del Porquet, dice que no se trata de un dolmen o túmulo, sino de un despoblado, igual que L'Altet de Fontanars y el Sercat de Gaianes; o los ya citados del Tossal Redó y Tossal del Caldero donde realizó excavaciones en 1922. En 1924 Fernando Ponsell descubre en Alcoi el yacimiento del Mas de Menente, que excava en 1925, y entre 1925 y 1928 se excava también la Mola Alta de Serelles por parte de Ernesto Botella, Luis Gisbert y Santiago Reig. El propio Camilo Visedo, en 1925, destaca la actividad arqueológica alcoyana, enfatizando el número y la situación de los poblados, siempre estratégicos y dominantes. Ambas excavaciones se publican en 1926 en las memorias de la Junta Superior de Excavaciones y Antigüedades (JSEA) y obtienen un gran eco que favorece la continuidad de los trabajos y las posteriores publicaciones en el volumen I del *Archivo de Prehistoria Levantina* de

1   El meu agraïment a Bernat Martí i Rosa Enguíx per la informació facilitada de la seua publicació *La Prehistoria valenciana. De Joan Vilanova a la creació del S.I.P. (1866-1927). Una visió historiogràfica* (e.p.).
Aura Tortosa, J. E. (2024): "L'aportació de la Universitat de València als inicis de l'arqueologia valenciana (1869-1905)". En *100 anys d'arqueologia a la Universitat de València*. València, p. 67-85.

1   Mi agradecimiento a Bernat Martí y Rosa Enguíx por la información facilitada de su publicación *La Prehistoria valenciana. De Joan Vilanova a la creació del S.I.P. (1866-1927). Una visió historiogràfica* (e.p.).
Aura Tortosa, J. E. (2024): "L'aportació de la Universitat de València als inicis de l'arqueologia valenciana (1869-1905)". En *100 anys d'arqueologia a la Universitat de València*. València, p. 67-85.

i les posteriors publicacions en el volum I de l'*Archivo de Prehistoria Levantina* de 1929, en el cas del Mas de Menente, i en una nova memòria de la JSEA el 1928 en el cas de la Mola Alta de Serelles.

El repertori de jaciments, resum de l'Edat del Bronze d'aleshores, es completa amb l'excavació efectuada per Marià Jornet a la Muntanyeta de Cabrera de Torrent el 1931. En este context, recordem que la Diputació de València havia adquirit en 1927 el conjunt material recuperat al Mas de Menente, el qual esdevé el germen de la creació del Servei d'Investigació Prehistòrica i del seu Museu. L'excavació del SIP confirma, en opinió de Ballester, un tipus de jaciment semblant al Tossal Redó i al Tossal del Caldero, i als poblats d'Alcoi.

Ja fa 100 anys d'aquelles primeres troballes que, amb el pas del temps, permeteren la caracterització de la cultura del Bronze Valencià, la primera de les àrees culturals de l'est peninsular amb trets identitaris propis. Des del museu ho commemorem amb l'exposició «Orígens. El Mas de Menente i la Mola Alta de Serelles al Museu de Prehistòria de València». Organitzada en el marc de la programació d'exposicions temporals "Tresors del Museu de Prehistòria", en col·laboració amb l'Institut Universitari d'Investigació en Arqueologia i Patrimoni Històric de la Universitat d'Alacant (INAPH).

La mostra està comissariada per Francisco Javier Jover Maestre i Gabriel García Atiénzar, catedràtics de Prehistòria de la Universitat d'Alacant i responsables del projecte «Origen y conformación del Bronce Valenciano» del Ministeri de Ciència, Innovació i Universitats. El disseny de l'exposició és de Rocamora Diseño y Arquitectura, amb la coordinació del museu, i amb ella es vol acostar a la societat valenciana dos col·leccions representatives dels aixovars domèstics de les poblacions camperoles que visqueren al nostre territori fa 4000 anys.

1929, en el caso del Mas de Menente, y en una nueva memoria de la JSEA en 1928 en el caso de la Mola Alta de Serelles.

El repertorio de yacimientos, resumen de la Edad del Bronce de aquellos momentos, se completa con la excavación realizada por Mariano Jornet en la Muntanyeta de Cabrera de Torrent en 1931. En este contexto, resulta oportuno recordar que la Diputació de València había adquirido en 1927 el conjunto material recuperado en el Mas de Menente, que constituyó el germen de la creación del Servei d'Investigació Prehistòrica y de su Museo. La excavación del SIP confirma, en opinión de Ballester, el tipo de yacimiento similar al Tossal Redó y al Tossal del Caldero, y a los poblados de Alcoi.

Se cumplen 100 años de aquellos primeros hallazgos que, con el paso del tiempo, permitieron la caracterización de la cultura del Bronce Valenciano, la primera de las áreas culturales del este peninsular con rasgos identitarios propios. Desde el museo lo conmemoramos con la exposición «Orígens. El Mas de Menente i la Mola Alta de Serelles al Museu de Prehistòria de València». Organizada en el marco de la programación de exposiciones temporales «Tresors del Museu de Prehistòria», en colaboración con el Instituto Universitario de Investigación en Arqueología y Patrimonio Histórico de la Universitat d'Alacant (INAPH).

La muestra está comisariada por Francisco Javier Jover Maestre y Gabriel García Atiénzar, catedráticos de Prehistoria de la Universitat d'Alacant y responsables del proyecto "Origen y conformación del Bronce Valenciano" del Ministerio de Ciencia, Innovación y Universidades. El diseño de la exposición es de Rocamora Diseño y Arquitectura, con la coordinación del museo, y con ella se quiere dar a conocer a la sociedad valenciana dos colecciones representativas de los ajuares domésticos de las poblaciones campesinas que vivieron en nuestro territorio hace 4000 años.

Els diferents àmbits ens parlen dels inicis de la vida de la institució, de la notable tasca duta a terme pel museu i del que han suposat les recents investigacions efectuades per la Universitat d'Alacant, que amb la renovació d'idees i la revisió dels materials han fet possible revalorar un important patrimoni, en part oblidat. Estos estudis avancen en aspectes com ara l'urbanisme dels poblats, la cronologia dels habitats i les característiques dels seus equipaments domèstics.

La història de la investigació de l'Edat del Bronze, de les excavacions pioneres del Mas de Menente i de la Mola Alta de Serelles, i de la institució que ens acull, el Museu de Prehistòria, estan presents en el discurs de l'exposició, així com també l'evolució dels estudis de l'arqueologia valenciana durant el darrer segle.

Dels objectes recuperats se'n mostren uns 133, entre els quals hi ha 87 recipients ceràmics que, amb motiu de l'exposició, s'han intervingut al Laboratori de Restauració del museu; pesos de teler i suports de fang cuit, utensilis elaborats en os, adornaments, motles de pedra per a la fosa d'objectes metàl·lics, ferramentes de sílex i pedra polida, i l'extraordinària troballa d'una falç de fusta de pi (*Pinus t. halepensis*) excepcionalment conservada[2].

A més, s'hi exhibixen documents com ara diaris d'excavació, inventaris de materials, dibuixos, publicacions i fotografies de l'arxiu del SIP i del Museu Arqueològic Municipal Camilo Visedo Moltó d'Alcoi.

Tornar als orígens, cent anys després, ens permet entroncar amb el pròxim centenari de la institució. Efemèride que marcarà la nostra agenda fins a l'any 2027.

Los diferentes ámbitos nos hablan de los inicios de la vida de la institución, de la notable tarea realizada por el museo y de lo que han supuesto las recientes investigaciones efectuadas por la Universitat d'Alacant, que con la renovación de ideas y la revisión de los materiales han hecho posible revalorizar un importante patrimonio en parte olvidado. Estos estudios avanzan en aspectos tales como el urbanismo de los poblados, la cronología de los hábitats y las características de sus equipamientos domésticos.

La historia de la investigación de la Edad del Bronce, de las excavaciones pioneras del Mas de Menente y de la Mola Alta de Serelles, y de la institución que nos acoge, el Museu de Prehistòria, están presentes en el discurso de la exposición; al igual que la evolución de los estudios de la arqueología valenciana durante el último siglo.

De los objetos recuperados se muestran alrededor de 133, de los cuales 87 son recipientes cerámicos que, con motivo de la exposición, se han intervenido en el Laboratorio de Restauración del museo; pesas de telar y soportes de barro cocido, utensilios elaborados en hueso, adornos, moldes de piedra para la fundición de objetos metálicos, herramientas de sílex y piedra pulida, y el extraordinario hallazgo de una hoz de madera de pino (*Pinus t. halepensis*) excepcionalmente conservada[2].

Además, se muestran documentos como diarios de excavación, inventarios de materiales, dibujos, publicaciones y fotografías del archivo del SIP y del Museu Arqueològic Municipal Camilo Visedo Moltó de Alcoi.

Volver a los orígenes, cien años después, nos permite enlazar con el próximo centenario de la institución. Esta efeméride marcará nuestra agenda hasta el año 2027.

---

2   El meu agraïment a Yolanda Carrión per la informació facilitada.

2   Mi agradecimiento a Yolanda Carrión por la información facilitada.

ORÍGENS
EL MAS DE MENENTE I LA MOLA ALTA DE SERELLES
AL MUSEU DE PREHISTÒRIA DE VALÈNCIA

Francisco Javier Jover Maestre
Gabriel García Atiénzar

E l Servei d'Investigació Prehistòrica (SIP) de la Diputació de València és una institució pública dedicada a la investigació, conservació, difusió i foment de les seues col·lecions i de la prehistòria i l'arqueologia en la Comunitat Valenciana. Es creà el 20 d'octubre de 1927, el dia en què la Comissió Permanent de la Diputació de València autoritzà, d'una banda, la compra de la col·lecció d'objectes arqueològics de Fernando Ponsell Cortés, com a base per a la creació del futur Museu de Prehistòria i, de l'altra, proposà Isidre Ballester i Tormo com a director de la institució. Des d'eixe moment, desenvolupa una labor crucial en la catalogació, excavació, investigació i exhibició de nombrosos vestigis arqueològics. Així doncs, gràcies a la seua tasca incessant, ha esdevingut un dels centres més destacats de l'Estat espanyol.

La col·lecció d'objectes que feu possible la creació del SIP i del seu Museu procedia, precisament, de les excavacions portades a terme entre febrer i maig

E l Servicio de Investigación Prehistórica (SIP) de la Diputació de València es una institución pública dedicada a la investigación, conservación, difusión y fomento de sus colecciones, así como de la Prehistoria y la Arqueología en la Comunitat Valenciana. Su creación se remonta al 20 de octubre de 1927, día en que la Comisión Permanente de la corporación provincial aprobó la compra de la colección de objetos arqueológicos de Fernando Ponsell Cortés como base para la creación del futuro Museo de Prehistoria y ofreció el cargo de director a Isidro Ballester Tormo. Desde entonces y hasta la actualidad ha desarrollado una labor crucial en la catalogación, excavación, investigación y exhibición de numerosos vestigios arqueológicos. Así pues, gracias a su intensa labor se ha convertido, en uno de los centros más destacados del Estado español.

La colección de objetos que posibilitó la creación del SIP y su Museo procedía, precisamente, de las excavaciones efectuadas entre febrero y mayo de

de 1925, per part de Fernando Ponsell Cortés, en el jaciment de l'Edat del Bronze del Mas de Menente (Alcoi). S'hi afegiria, uns anys més tard, en 1937, la col·lecció arreplegada en les excavacions efectuades entre 1925 i 1928, per Ernesto Botella Candela en la Mola Alta de Serelles, també en el terme municipal d'Alcoi.

Es tracta de 336 objectes prehistòrics amb 4000 anys d'antiguitat que comprenen un ampli repertori d'atifells ceràmics fets a mà –bols, olles, pitxers, gerres i tasses–, pesos de teler i suports de fang cuit, punxons i espàtules d'os, ascles i dents de falç de sílex, destrals, aixes, maces, martells i motles de pedra per a la fosa d'objectes de metall, adornaments sobre pedra i closques de mol·luscos marins, a més de diversos instruments de coure, com ara punxons, ganivets, destrals i una serra; així com restes de llavors de cereal carbonitzades. Cal destacar-ne, d'este recull, el mànec de fusta d'una falç, que té un caràcter excepcional. Al remat, este conjunt és un excel·lent llegat patrimonial que representa els aixovars domèstics i productes artesanals de les poblacions camperoles que habitaren les valls del riu Serpis a principis del II mil·lenni abans de Crist.

Existixen raons de pes que han motivat el muntatge d'esta exposició temporal, que té com a eix central del discurs els dos jaciments i les seues respectives col·leccions, independentment de la quantitat i la qualitat dels objectes que s'integraren en les primeres col·leccions arqueològiques del SIP, que possibilitarien la seua creació i la seua consolidació.

En este sentit, cal destacar que fa més de 150 anys que començaren les investigacions arqueològiques sobre l'Edat del Bronze en terres valencianes.

1925 por Fernando Ponsell Cortés en el yacimiento de la Edad del Bronce del Mas de Menente (Alcoi). Años después, en 1937, se sumaría a esta la colección obtenida en las excavaciones efectuadas entre 1925 y 1928 por parte de Ernesto Botella Candela en la Mola Alta de Serelles, también situada en el término municipal de Alcoi.

Se trata de 336 objetos prehistóricos con 4000 años de antigüedad que incluyen un amplio repertorio de vasijas cerámicas realizadas a mano –cuencos, ollas, jarras, orzas y tazas–, pesas de telar y soportes de barro cocido, punzones y espátulas de hueso, lascas y dientes de hoz de sílex, hachas, azuelas, mazos, martillos y moldes de piedra para la fundición de objetos de metal, adornos sobre piedra y caparazones de moluscos marinos, así como diversos instrumentos de cobre –punzones, cuchillos, hachas y una sierra–, además de restos de semillas de cereal carbonizadas. Entre todas estas evidencias destaca, por su excepcionalidad, el mango de madera de una hoz. Este conjunto constituye un magnífico legado patrimonial representativo de los ajuares domésticos y productos artesanales de las poblaciones campesinas que vivieron a inicios del II milenio antes de Cristo en los valles del río Serpis.

Con independencia de la cantidad y calidad de los objetos integrados en las primeras colecciones arqueológicas del SIP que posibilitaron su creación y afianzamiento, existen otras razones de significativa importancia que han motivado el montaje de la exposición temporal que ahora presentamos y que tiene como eje central de su discurso a ambos yacimientos y a sus colecciones.

Queremos destacar que han transcurrido más de 150 años desde los inicios de las investigaciones arqueológicas sobre la Edad del Bronce en las tierras valencianas.

Estos jaciments es consideraren, primerament, com a dòlmens o túmuls funeraris segons la interpretació que havia fet Juan Vilanova y Piera. Ara bé, les excavacions efectuades pel SIP entre els anys 40 i 70 del segle XX i l'abundància dels treballs fets des de llavors en llocs com la Lloma de Betxí (Paterna), la Muntanya Assolada (Alzira), el Pic dels Corbs (Sagunt) i Cabezo Redondo o Terlinques (Villena), sustentats per fermes bases arqueològiques, han permés determinar amb major precisió les característiques de l'Edat del Bronze.

Algunes zones de la geografia valenciana, i sobretot determinats jaciments arqueològics de la zona d'Alcoi, jugaren un paper fonamental en el reconeixement de les estacions situades dalt de les serres que s'identifiquen com a poblats prehistòrics de l'Edat del Bronze. A més, s'hi observa la caracterització urbanística i els repertoris materials. D'altra banda, també foren cabdals en mostrar trets molts diferents dels que s'havien apreciat en jaciments coetanis d'Almeria, Múrcia i del sud d'Alacant, que llavors ja es consideraven com a propis de la cultura argàrica. De fet, el Mas de Menente fou la base essencial emprada pel catedràtic d'Arqueologia de la Universitat de València, Miquel Tarradell i Mateu, perquè proposara incialment, a finals de la dècada de 1940, l'existència d'un grup valencià de jaciments distints dels argàrics, amb què configuraria, posteriorment, a les darreries de la dècada de 1950, l'anomenada àrea cultural del Bronze Valencià.

Així, en l'exposició "Orígens. El Mas de Menente i la Mola Alta de Serelles al Museu de Prehistòria de València", promoguda per esta institució, amb el disseny de l'estudi Rocamora Arquitectura, s'ha volgut mostrar i posar en valor:

Estos yacimientos se consideraron inicialmente, al menos hasta los inicios del siglo XX, como dólmenes o túmulos funerarios de acuerdo con la interpretación hecha por Juan Vilanova y Piera. Ahora bien, las excavaciones desarrolladas por el SIP entre los años 40 y 70 del siglo XX y la profusión de trabajos realizados desde entonces en sitios como la Lloma de Betxí (Paterna), la Muntanya Assolada (Alzira), el Pic dels Corbs (Sagunt), Cabezo Redondo o Terlinques (Villena), sustentados por firmes bases arqueológicas, han permitido determinar con mayor precisión las características de la Edad del Bronce.

Algunas zonas de la geografía valenciana, y más en concreto determinados yacimientos arqueológicos de la zona de Alcoi, jugaron un papel fundamental en el reconocimiento de aquellas estaciones encaramadas en lo alto de las sierras como poblados prehistóricos de la Edad del Bronce, así como en su caracterización urbanística y repertorios materiales. Además, también tuvieron una especial transcendencia al mostrar características muy distintas de las observadas en yacimientos coetáneos de Almería, Murcia y sur de Alicante, considerados por aquel entonces como propios de la cultura argárica. De hecho, el Mas de Menente fue la base sobre la que Miquel Tarradell Mateu, catedrático de Arqueología de la Universitat de València, sustentó su propuesta, planteada a finales de la década de 1940, de la existencia de un grupo valenciano de yacimientos, distintos de los argáricos, con el que configuró, a finales de la década de 1950, la denominada área cultural del Bronce Valenciano.

Por tanto, con la exposición "Orígens. El Mas de Menente i la Mola Alta de Serelles al Museu de Prehistòria de València", promovida por dicha institución y con diseño del estudio Rocamora Arquitectura, se ha tratado de mostrar y resaltar:

1. L'inici de l'arqueologia oficial en la Comunitat Valenciana.

2. La importància de les primeres intervencions arqueològiques a Alcoi dutes a terme en 1925 en ambdós excavacions.

3. Les figures i la tasca d'investigació dels excavadors Fernando Ponsell Cortés i Ernesto Botella Candela.

4. La compra de la col·lecció arqueològica de Fernando Ponsell Cortés per part de la Diputació de València, que possibilità la creació del Museu de Prehistòria i del Servei d'Investigació Prehistòrica en 1927.

5. El valor científic d'ambdós col·leccions en l'origen i la posterior caracterització de l'àrea cultural del Bronze Valencià feta per Miquel Tarradell i diversos investigadors del SIP.

6. La revisió i millora de les condicions de conservació d'un recull considerable d'objectes recuperats en els dos jaciments, en els quals s'ha fet una destacable tasca de neteja, restauració i recatalogació.

7. La importància científica dels jaciments de l'Edat del Bronze del Mas de Menente i la Mola Alta de Serelles, ressignificats a través de l'execució de nous treballs planimètrics, de la seua lectura estratigràfica, de la datació d'alguns dels seus contextos i del reestudi de les seues col·leccions.

8. Els començaments de la racionalitat de l'economia camperola i de les formes d'organització laboral i social de les comunitats de l'Edat del Bronze que visqueren fa 4000 anys en terres valencianes.

1. Los inicios de la arqueología oficial en la Comunitat Valenciana.

2. La importancia de las primeras intervenciones arqueológicas en Alcoi, con la realización en 1925 de sendas excavaciones en el Mas de Menente y la Mola Alta de Serelles.

3. Las figuras y el trabajo de investigación de sus excavadores Fernando Ponsell Cortés y Ernesto Botella Candela.

4. La compra de la colección arqueológica de Fernando Ponsell Cortés por parte de la Diputació de València, que posibilitó la creación del Museo de Prehistoria y del Servicio de Investigación Prehistórica en 1927.

5. El valor científico de ambas colecciones en el origen y posterior caracterización del área cultural del Bronce Valenciano efectuada por Miquel Tarradell y diversos investigadores del SIP.

6. La revisión y mejora de las condiciones de conservación de un destacado conjunto de objetos recuperados en ambos yacimientos, en los que se ha efectuado una considerable labor de limpieza, restauración y recatalogación.

7. La importancia científica de los yacimientos de la Edad del Bronce del Mas de Menente y la Mola Alta de Serelles, resignificados a través de nuevos trabajos planimétricos, de su lectura estratigráfica, de la datación de algunos de sus contextos y del reestudio de sus colecciones.

8. Los principios de la racionalidad de la economía campesina y de las formas de organización laboral y social de las comunidades de la Edad del Bronce que vivieron hace 4000 años en las tierras valencianas.

Este remarcable enfilall de raons tan diverses justifiquen l'interés i l'esforç realitzat en el muntatge d'esta exposició i en la seua reinvestigació dins del projecte "Origen y conformación del Bronce Valenciano", finançat pel Ministeri de Ciència, Innovació i Universitats d'Espanya. Després d'un segle des de l'excavació dels dos jaciments continuen tenint molt de valor arqueològic i arquitectònic, vist que encara es conserven en perfectes condicions moltes de les seues estructures; en conseqüència, molts dels materials que hi ha en el Museu de Prehistòria de València i en el Museu Arqueològic Municipal d'Alcoi són una referència a què es recorre per a l'estudi de l'Edat del Bronze en el territori valencià. Tot plegat, es tracta de dos col·leccions arqueològiques dels orígens dels estudis prehistòrics en terres valencianes, que tenen un gran valor patrimonial en la riquesa cultural, per la qual cosa mereixen ser exposades i re-conegudes.

Esta exposició, fruit a l'esforç d'un gran nombre de persones, s'ha estructurat en tres àmbits. En el primer, amb un audiovisual i una línia del temps amb els principals esdeveniments i personatges a més de panells informatius amb il·lustracions de gran format, el visitant s'endinsa en els orígens i en el desenvolupament de les investigacions arqueològiques en la Comunitat Valenciana, concretament a Alcoi, i en la creació del SIP i del seu Museu.

En el segon àmbit, fent servir una gran maqueta que reprodüix la topografia del terme municipal d'Alcoi on s'integren dos àmplies vitrines, s'exhibix una selecció de les col·leccions del Mas de Menente i de la Mola Alta de Serelles respectivament, de manera que es relacionen amb el territori a través de la maqueta i la geografia valenciana exposada en el sostre, mentre que en els panells laterals s'informa dels personatges i jaciments amb textos i imatges.

Este destacado conjunto de razones son las que justifican el interés y el esfuerzo realizado en el montaje de esta exposición y en su reinvestigación dentro del proyecto "Origen y conformación del Bronce Valenciano", financiado por el Ministerio de Ciencia, Innovación y Universidades del Estado español. Un siglo después de su excavación, el valor arqueológico y arquitectónico de ambos yacimientos sigue siendo elevado, pues todavía se conservan en excelentes condiciones muchas de sus estructuras. Asimismo, los conjuntos materiales albergados en el Museu de Prehistòria de Valencia y en el Museu Arqueològic Municipal d'Alcoi constituyen una referencia continua para el estudio de la Edad del Bronce en las tierras valencianas. En definitiva, se trata de dos colecciones arqueológicas que están en los orígenes de los estudios prehistóricos en las tierras valencianas, con un enorme valor patrimonial en el acervo cultural que merecen ser expuestas y re-conocidas.

Esta exposición, resultado del esfuerzo realizado por un nutrido grupo de personas, se ha estructurado en tres ámbitos. En el primero de ellos, a través de un audiovisual y de una línea del tiempo con los principales eventos y personajes además de paneles informativos con ilustraciones de gran formato, se introduce al visitante en los orígenes y el desarrollo de las investigaciones arqueológicas en la Comunitat Valenciana, y más específicamente en Alcoi y en la creación del SIP y su Museo.

En el segundo ámbito, empleando una gran maqueta que reproduce la topografía del término municipal de Alcoi en la que se integran dos amplias vitrinas, se exhibe una selección de las colecciones del Mas de Menente y de la Mola Alta de Serelles, respectivamente, vinculándolas con el territorio a través de la maqueta y la geografía valenciana expuesta en el techo, al tiempo que en los paneles laterales se informa de los perso-

Al final d'este àmbit, s'usa com a contenidor una de les vitrines antigues de fusta que s'utilitzaven quan el museu estava ubicat en l'actual Palau de la Generalitat i s'hi mostren diversos documents que testimonien la història i l'evolució d'estos dos jaciments, però també de l'arqueologia valenciana al llarg del segle XX.

Així mateix, en el tercer dels àmbits s'exposen els treballs d'investigació duts a terme en ambdós jaciments i una virtualització embolicant representa com fou la vida quotidiana i com es produí l'abandó del Mas de Menente.

Esperem que esta exposició, guardonada amb el premi Emporia 2024 d'exposicions temporals no itinerants, haja complit els objectius fixats i haja agradat a qui l'ha visitada.

najes y yacimientos a través de textos e imágenes. Al final de este ámbito, y utilizando como contenedor una de las antiguas vitrinas de madera del museo cuando estaba ubicado en el actual Palau de la Generalitat, se exhiben diversos documentos que evidencian la historia y devenir de estos dos yacimientos, pero también de la propia arqueología valenciana a lo largo del siglo XX.

Por último, en el tercero de los ámbitos, se muestran los trabajos de investigación emprendidos en ambos yacimientos y se representa cómo fue la vida cotidiana y cómo se produjo el abandono del Mas de Menente a través de una virtualización envolvente.

Esperamos que esta exposición, galardonada con el premio Emporia 2024 de exposiciones temporales no itinerantes, haya cumplido con los objetivos fijados y haya sido del agrado de todos sus visitantes.

Vista del Cabezo del Mas de Menente

ORÍGENS

El Mas de Menente i la Mola Alta de Serelles
el Museu de Prehistòria de València

EL
BRONZE
VALENCIÀ

EL *PRIMER*
TRESOR
del Museu de Prehistòria

DIPUTACIÓN PROVINCIAL DE VALENCIA

Registro de entrada f.º _____ n.º _____   Expediente n.º _____

_____ de _____ de 192_

Ministerio   **Dirección**   **Negociado**

PUEBLO   **PARTIDO JUDICIAL**

OBJETO

Adquisición de la Colección prehistorica de Don Fernando Ponsell.

Proyecto de Museo Prehistorico Provincial.

Servicio de investigaciones prehistoricas.

EL PRIMER TRESOR DEL MUSEU DE PREHISTÒRIA

El Museu de Prehistòria de la Diputació de València custodia nombrosos vestigis de les societats que, en èpoques passades, habitaven en el territori valencià. Fou creat en 1927, quan es va adquirir la col·lecció d'objectes recuperats en les excavacions arqueològiques dutes a terme, en 1925, per Fernando Ponsell Cortés, en el poblat de l'Edat del Bronze del Mas de Menente (Alcoi). Anys després, en 1937, també es compraria la col·lecció d'Ernesto Botella Candela, després que es realitzaren excavacions en la Mola Alta de Serelles d'Alcoi entre 1925 i 1928.

Esta exposició permet descobrir alguns dels primers tresors del Servei d'Investigació Prehistòrica (SIP), les claus de la seua fundació, així com l'aportació dels dos jaciments esmentats a la investigació de l'Edat del Bronze en les terres valencianes.

EL PRIMER TESORO DEL MUSEU DE PREHISTÒRIA

El Museu de Prehistòria de la Diputació de València custodia numerosos vestigios de las sociedades que ocuparon el territorio valenciano en épocas pasadas. Su creación data de 1927, gracias a la compra de la colección de objetos recuperados en las excavaciones arqueológicas efectuadas en 1925 por Fernando Ponsell Cortés en el poblado de la Edad del Bronce del Mas de Menente (Alcoi). Años más tarde, en 1937, también se adquirió la colección de Ernesto Botella Candela, creada tras las excavaciones que efectuó entre 1925 y 1928 en la Mola Alta de Serelles (Alcoi).

Esta exposición permite descubrir algunos de los primeros tesoros del Servei d'Investigació Prehistòrica (SIP), las claves de su fundación y la aportación de estos dos yacimientos a la investigación de la Edad del Bronce en tierras valencianas.

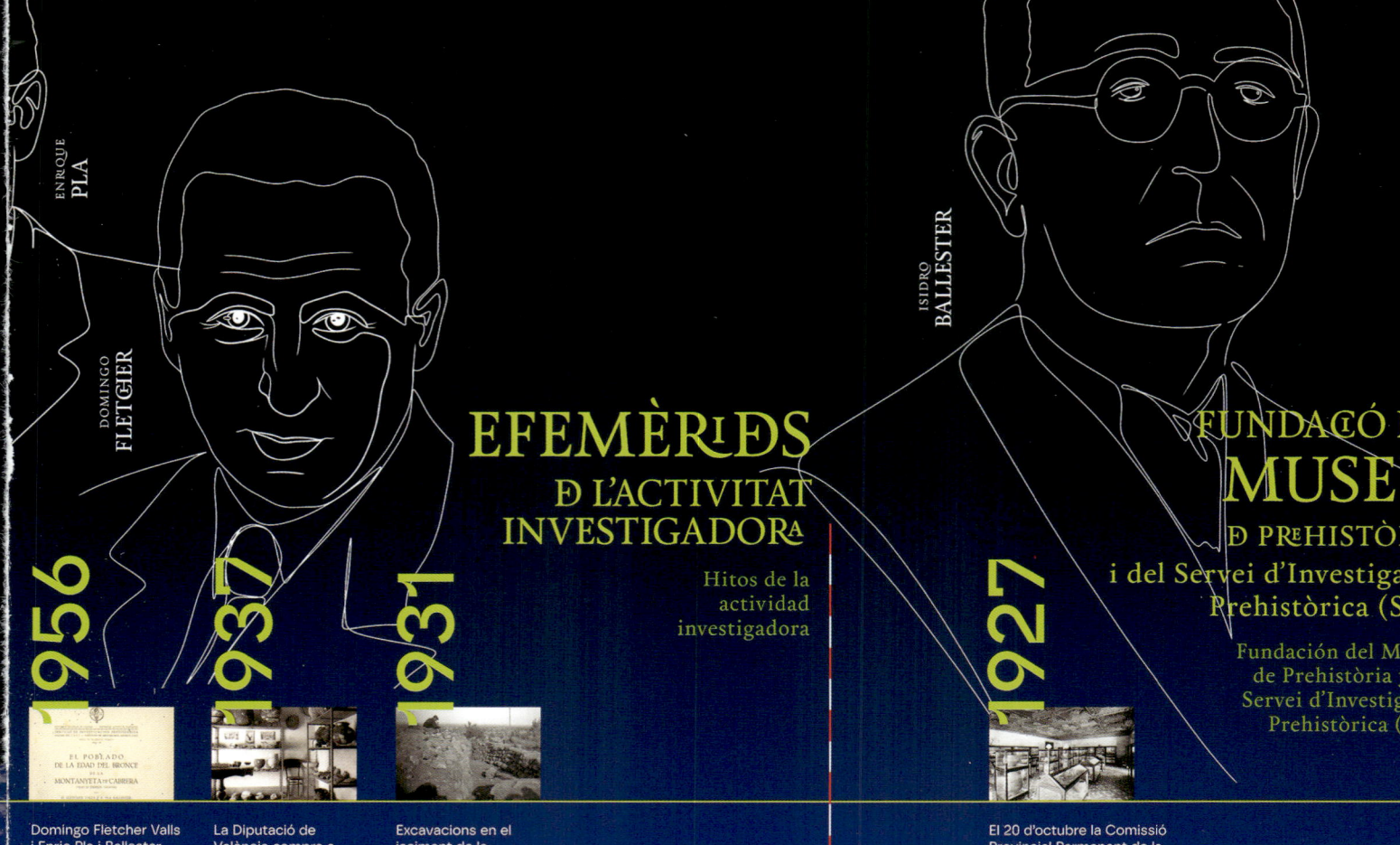

ENRIQUE PLA

DOMINGO FLETCHER

ISIDRO BALLESTER

EFEMÈRIDS
D L'ACTIVITAT INVESTIGADORA

Hitos de la
actividad
investigadora

FUNDACIÓ D
MUSEU
D PREHISTÒR
i del Servei d'Investiga
Prehistòrica (SI

Fundación del Mu
de Prehistòria y
Servei d'Investiga
Prehistòrica (S

1956

1937

1931

1927

Domingo Fletcher Valls i Enric Pla i Ballester publiquen la memòria de les excavacions portades a terme en la Muntanyeta de Cabrera en el volum 18 de la sèrie de *Trabajos Varios* del SIP.

Domingo Fletcher Valls y Enrique Pla Ballester publican la memoria de las excavaciones realizadas en la Muntanyeta de Cabrera en el volumen 18 de la serie de *Trabajos Varios* del SIP.

La Diputació de València compra a Ernesto Botella la col·lecció de materials procedents de les excavacions de la Mola Alta de Serelles, que fins llavors es trobaven a Alcoi.

La Diputació de València compra a Ernesto Botella la colección de materiales procedentes de las excavaciones en la Mola Alta de Serelles, hasta entonces expuesta en Alcoi.

Excavacions en el jaciment de la Muntanyeta de Cabrera (Torrent) dirigides per Mariano Jornet Perales, col·laborador del Museu de Prehistòria.

Excavaciones en el yacimiento de la Muntanyeta de Cabrera (Torrent) bajo la dirección de Mariano Jornet Perales, colaborador del Museu de Prehistòria.

El 20 d'octubre la Comissió Provincial Permanent de la Diputació de València adquirix la col·lecció arqueológica de Fernando Ponsell, que integra sobretot materials procedents del Mas de Menente, i proposa la creació del Museu de Prehistòria sota la direcció d'Isidre Ballester i Tormo.

El 20 de octubre la Comisión Provincial Permanente de la Diputació de València adquiere la colección arqueológica de Fernando Ponsell, integrada fundamentalmente por materiales procedentes del Mas de Menente, y propone la creación del Museu de Prehistòria bajo la dirección de Isidro Ballester Tormo.

MILAGRO **GIL-MASCARELL**

MIQUEL **TARRADELL**

2024

2015

2005–23

2004

2001

1984–2013

1978–94

1958–69

| | | | | | | | |

ició «Orígens. s de Menente i la Alta de Serelles eu de tòria de cia» i publicació monografia mentos ológicos del e Valenciano.

ición «Orígens. s de Menente i la Alta de Serelles eu de tòria de ció» y ación de la grafía mentos ológicos del e Valenciano.

Exposició «*Viure vora el Túria fa 4000 anys. La Lloma de Betxí*» organitzada pel Museu de Prehistòria que arreplega els resultats obtinguts en les excavacions desenvolupades pel SIP en este poblat de l'Edat del Bronze.

Exposición «*Vivir junto al Turia hace 4000 años. La Lloma de Betxí*» organizada por el Museu de Prehistòria que recoge los resultados obtenidos en las excavaciones desarrolladas por el SIP en este poblado de la Edad del Bronce.

Excavacions en el poblat de l'Altet de Palau (La Font de la Figuera) dirigides per M.ª Jesús de Pedro Michó, Pau García Borja, Víctor Chaos López i Mario Sanz Tormo.

Excavaciones en el poblado de L'Altet de Palau (La Font de la Figuera) bajo la dirección M.ª Jesús de Pedro Michó, Pau García Borja, Víctor Chaos López y Mario Sanz Tormo.

Publicació de les actes del congrés «*La Edad del Bronce en tierras valencianas y zonas limítrofes*», celebrat a Villena en 2002, que va comportar l'actualització dels estudis sobre les comunitats del II mil·lenni aC.

Publicación de las actas del congreso «*La Edad del Bronce en tierras valencianas y zonas limítrofes*», celebrado en Villena en 2002, que supuso la actualización de los estudios sobre las comunidades del II milenio a.C.

Primera gran exposició itinerant sobre l'Edat del Bronze: «*... Y acumularon tesoros. Mil años de historia en nuestras tierras*» en el Museu de Prehistòria, comissariada per Mauro S. Hernández Pérez.

Primera gran exposició itinerante sobre la Edad del Bronce: «*...Y acumularon tesoros. Mil años de Historia en nuestras tierras*» en el Museu de Prehistòria, comisariada por Mauro S. Hernández Pérez.

Excavacions en el poblat de la Lloma de Betxí (Paterna) dirigides per M.ª Jesús de Pedro Michó.

Excavaciones en el poblado de la Lloma de Betxí (Paterna) bajo la dirección M.ª Jesús de Pedro Michó.

Excavacions en el poblat de la Muntanya Assolada (Alzira) executades pel SIP sota la direcció de Bernat Martí Oliver, Rosa Enguix Alemany i M.ª Jesús de Pedro Michó. Milagro Gil-Mascarell inicia les excavacions a la Mola d'Agres i reflexiona sobre el Bronze Valencià.

Excavaciones en el poblado de la Muntanya Assolada (Alzira) desarrolladas por el SIP bajo la dirección de Bernat Martí Oliver, Rosa Enguix Alemany y M.ª Jesús de Pedro Michó. Milagro Gil-Mascarell inicia las excavaciones en la Mola d'Agres y reflexiona sobre el Bronce Valenciano.

Publicació de diversos treballs de Miquel Tarradell i Mateu, catedràtic d'Arqueologia en la Universitat de València, en els que posa en relleu l'existència de l'àrea cultural del Bron Valencià.

Publicación de diferentes trabajos Miquel Tarradell i Mateu, catedrático de Arqueología en la Universitat de València, en los que propone la existencia del área cultural del Bronce Valenciano.

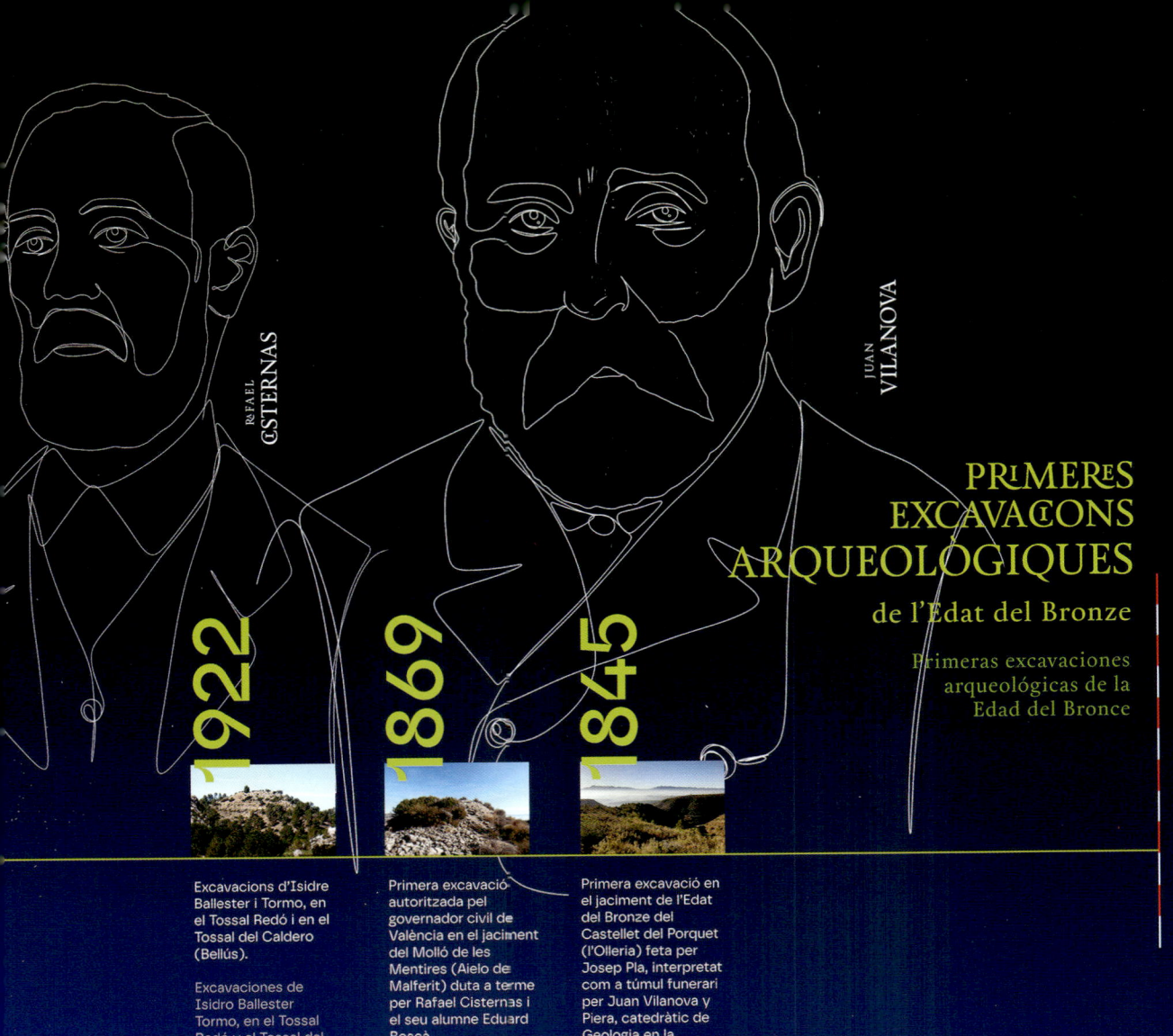

RAFAEL CISTERNAS

IUAN VILANOVA

PRIMERES EXCAVACIONS ARQUEOLOGIQUES
de l'Edat del Bronze

Primeras excavaciones
arqueológicas de la
Edad del Bronce

1922

Excavacions d'Isidre Ballester i Tormo, en el Tossal Redó i en el Tossal del Caldero (Bellús).

Excavaciones de Isidro Ballester Tormo, en el Tossal Redó y el Tossal del Caldero (Bellús).

1869

Primera excavació autoritzada pel governador civil de València en el jaciment del Molló de les Mentires (Aielo de Malferit) duta a terme per Rafael Cisternas i el seu alumne Eduard Boscà.

Primera excavación autorizada por el gobernador civil de Valencia en el yacimiento del Molló de les Mentires (Aielo de Malferit), realizada por Rafael Cisternas y su alumno Eduardo Boscà.

1845

Primera excavació en el jaciment de l'Edat del Bronze del Castellet del Porquet (l'Olleria) feta per Josep Pla, interpretat com a túmul funerari per Juan Vilanova y Piera, catedràtic de Geologia en la Universitat de Madrid.

Primera excavación en el yacimiento de la Edad del Bronce del Castellet del Porquet (L'Olleria) por José Pla, interpretado como túmulo funerario por Juan Vilanova y Piera, catedrático de Geología en la Universidad de Madrid.

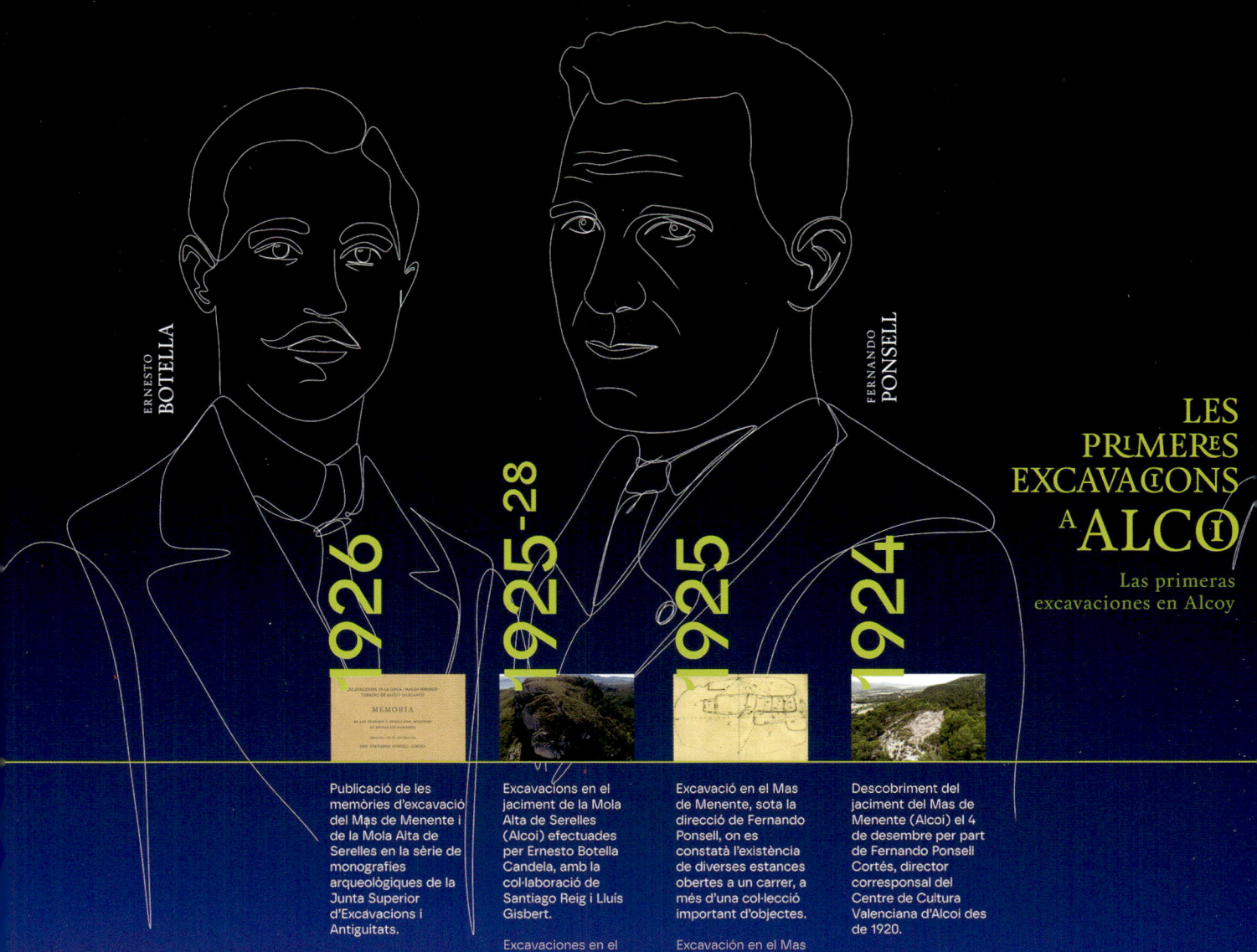

ERNESTO **BOTELLA**

FERNANDO **PONSELL**

LES PRIMERES EXCAVACONS A ALCOI

Las primeras excavaciones en Alcoy

1926

1925-28

1925

1924

Publicació de les memòries d'excavació del Mas de Menente i de la Mola Alta de Serelles en la sèrie de monografies arqueològiques de la Junta Superior d'Excavacions i Antiguitats.

Publicación de las memorias de excavación del Mas de Menente y la Mola Alta de Serelles en la serie de monografías arqueológicas de la Junta Superior de Excavaciones y Antigüedades.

Excavacions en el jaciment de la Mola Alta de Serelles (Alcoi) efectuades per Ernesto Botella Candela, amb la col·laboració de Santiago Reig i Lluís Gisbert.

Excavaciones en el yacimiento de la Mola Alta de Serelles (Alcoi) por Ernesto Botella Candela, con la colaboración de Santiago Reig y Luis Gisbert.

Excavació en el Mas de Menente, sota la direcció de Fernando Ponsell, on es constatà l'existència de diverses estances obertes a un carrer, a més d'una col·lecció important d'objectes.

Excavación en el Mas de Menente, bajo la dirección de Fernando Ponsell, en la que se documentaron varias estancias abiertas a una calle y una importante colección de objetos.

Descobriment del jaciment del Mas de Menente (Alcoi) el 4 de desembre per part de Fernando Ponsell Cortés, director corresponsal del Centre de Cultura Valenciana d'Alcoi des de 1920.

Descubrimiento del yacimiento del Mas de Menente (Alcoi) el 4 de diciembre por Fernando Ponsell Cortés, director corresponsal del Centro de Cultura Valenciana de Alcoi desde 1920.

UN *MOSAIC* Ð
CULTURES

Un mosaico de culturas

Fa 4200 anys, al principi de l'Edat del Bronze, es produïren significatives transformacions socials i polítiques en l'organització de la majoria de les comunitats camperoles que habitaven en la península ibèrica. Estos canvis comportarien l'aparició de diferents grups culturals.

Al remat, a diferència de la cultura d'El Argar, present en el sud-est, en gran part de les terres valencianes es desenrotllà l'anomenada *Cultura del Bronze Valencià*. Les característiques dels jaciments del Mas de Menente i de la Mola Alta de Serelles foren fonamentals per a proposar l'existència d'esta àrea cultural.

Hace 4200 años, en los inicios de la Edad del Bronce, se produjeron importantes transformaciones sociales y políticas en la organización de las comunidades campesinas que habitaban buena parte de la península ibérica. La consecuencia principal de estos cambios fue el surgimiento de diferentes grupos culturales.

Así, frente a la cultura de El Argar en el sudeste, en gran parte de las tierras valencianas se desarrolló la denominada *Cultura del Bronce Valenciano*. Las características de los yacimientos del Mas de Menente y de la Mola Alta de Serelles fueron el fundamento para proponer la existencia de esta área cultural.

BRONZE
DE LA
MANXA

BRONZE
VALENCIÀ

EL ARGAR

Mar Mediterrani

Distribució territorial de les principals àrees culturals de l'Edat del Bronze en l'est de la península ibèrica.

Distribución territorial de las principales áreas culturales de la Edad del Bronce en el este de la península ibérica.

UN MOSAIC DE CULTURES

Fa 4200 anys, al principi de l'Edat del Bronze, es produïren significatives transformacions socials i polítiques en l'organització de la majoria de les comunitats camperoles que habitaven en la península Ibèrica. Estos canvis comportarien l'aparició de nous grups culturals.

Al remat, a diferència de la cultura d'El Argar, present en el sud-est, en gran part de les terres valencianes es desenrotllà l'anomenada *Cultura del Bronze Valencià*. Les característiques dels jaciments del Mas de Menente i de la Mola Alta de Serelles foren fonamentals per a proposar l'existència d'esta àrea cultural.

UN MOSAICO DE CULTURAS

Hace 4200 años, en los inicios de la Edad del Bronce, se produjeron importantes transformaciones sociales y políticas en la organización de las comunidades campesinas que habitaban buena parte de la península ibérica. La consecuencia principal de estos cambios fue el surgimiento de nuevos grupos culturales.

Así, frente a la cultura de El Argar en el sudeste, en gran parte de las tierras valencianas se desarrolló la denominada *Cultura del Bronce Valenciano*. Las características de los yacimientos del Mas de Menente y de la Mola Alta de Serelles fueron el fundamento para proponer la existencia de esta área cultural.

ORÍGENS

en ente

El Mas de Menente i la Mola Alta de Serelles
al Museu de Prehistòria de València

EL BRONZE VALENCÀ

EL BRONZE VALENCIÀ

El Mas de Menente i la Mola Alta de Serelles, juntament amb altres jaciments valencians, com ara la Muntanyeta de Cabrera (Torrent), assentaren les bases per al reconeixement i la caracterització de la cultura del Bronze Valencià. Esta denominació fou emprada per Miquel Tarradell Mateu, catedràtic d'Arqueologia en la Universitat de València, entre el 1950 i el 1960. Cal dir que comptà amb la col·laboració d'investigadors del SIP com Domingo Fletcher i Enric Pla. Es tractava d'una àrea cultural pròpia de bona part de la regió valenciana, encara que influïda per la cultura argàrica, que es localitzava en el sud-est peninsular. Els trets principals que definixen el Bronze Valencià són l'alta densitat de xicotets poblats en altura, la diversitat de llocs de soterrament, sobretot en coves i clevills pròxims als poblats i sense quasi aixovars, els atifells ceràmics senzills, sense les típiques copes argàriques, així com una varietat limitada d'objectes de coure. A dia de hui, després de 60 anys d'investigacions, és menester reflexionar sobre la validesa d'eixa proposta atés que, sota la denominació de *Bronze Valencià*, coexistiren diferents societats en el territori valencià, des del 2150 aC fins a, si fa no fa, el 1500 aC.

EL BRONCE VALENCIANO

El Mas de Menente y la Mola Alta de Serelles, junto a otros yacimientos valencianos, como la Muntanyeta de Cabrera (Torrent), sentaron las bases para el reconocimiento y caracterización de la cultura del Bronce Valenciano. Esta denominación fue acuñada en las décadas de 1950 y 1960 por Miquel Tarradell Mateu, catedrático de Arqueología en la Universitat de València, contando con la colaboración de investigadores del SIP como Domingo Fletcher y Enrique Pla. Se trataba de un área cultural propia de buena parte de la región valenciana, aunque influenciada por la cultura argárica, situada en el sudeste peninsular. Las características principales que definían al Bronce Valenciano eran la alta densidad de pequeños poblados en altura, la diversidad de lugares de enterramiento, prioritariamente en cuevas y grietas cercanas a los poblados y sin prácticamente ajuares, vasijas cerámicas sencillas con ausencia de las típicas copas argáricas, además de una limitada variedad de objetos de cobre. Ahora, tras 60 años de investigaciones, se hace necesario reflexionar sobre la validez de dicha propuesta ya que, bajo la denominación de Bronce Valenciano, coexistieron distintas sociedades en las tierras valencianas desde el 2150 a.C. hasta, aproximadamente, el 1500 a.C.

Gobierno civil de la provincia de Valencia = En vista del oficio de VS de hoy, doy orden al Alcalde de Ayelo de Malfeit para que permita á D. Rafael Cisternas y D. Eduardo Boscá hacer en el término jurisdiccional de aquella Villa y terreno de propios, las escavaciones que crean convenientes y puedan contribuir al desarollo y fomento de las ciencias. = Lo digo á VS para su inteligencia y efectos procedentes. = Dios que á VS m.^s a.^s Valencia 16 Junio de 1869. = Cristobal Pascual y Genís. = Sn.^r Rector de la Universidad literaria

Es copia
El Secio gral

LES PRIMERES EXCAVACIONS ARQUEOLÒGIQUES

En juny de 1869 es realitzà la primera excavació arqueològica en un jaciment prehistòric valencià, gràcies a l'impuls de la Universitat de València i l'autorització expressa del governador civil de València. Durant quatre dies d'eixe mes, es portaren a terme excavacions en el jaciment de l'Edat del Bronze del Molló de les Mentires (Aielo de Malferit) sota la direcció de Rafael Cisternas, catedràtic de Zoologia en la Universitat de València, i d'Eduard Boscà, alumne seu en eixos anys. L'excavació pretenia dirimir les diferències existents entre Cisternas i Juan Vilanova y Piera, catedràtic de Geologia i Paleontologia en la Universitat Central de Madrid, pel que fa a la interpretació com a túmuls funeraris d'un conjunt de jaciments situats a una certa altura en zones de muntanya.

Encara que Rafael Cisternas descartà que foren túmuls funeraris, els resultats d'esta intervenció no resolgueren eixa discussió científica fins que Isidre Ballester i Tormo, primer director del Servei d'Investigació Prehistòrica, publicà el seus estudis en les primeres dècades del segle XX i, llavors, es començaren a reconéixer com a poblats prehistòrics.

LAS PRIMERAS EXCAVACIONES ARQUEOLÓGICAS

En junio de 1869, impulsada por la Universitat de València y con la autorización expresa del gobernador civil de Valencia, fue realizada la primera excavación arqueológica en un yacimiento prehistórico de las tierras valencianas. Durante cuatro días de aquel mes se llevaron a cabo excavaciones en el yacimiento de la Edad del Bronce del Molló de les Mentires (Aielo de Malferit) bajo la dirección de Rafael Cisternas, catedrático de Zoología en la Universitat de València y Eduardo Boscà, alumno del anterior en aquellos años. La excavación tenía por objeto dar respuesta a las diferencias que Cisternas mantenía con Juan Vilanova y Piera, catedrático de Geología y Paleontología en la Universidad Central de Madrid, respecto a la interpretación como túmulos funerarios de un conjunto de yacimientos emplazados en lo alto de zonas montañosas.

Si bien Rafael Cisternas descartó que fuesen túmulos funerarios, los resultados de esta intervención no resolvieron esta discusión científica y hubo que esperar a que Isidro Ballester Tormo, primer director del Servei d'Investigació Prehistòrica, publicara sus estudios en las primeras décadas del siglo XX para comenzar a reconocerlos como poblados prehistóricos.

ELS INICIS DE L'ARQUEOLOGIA A ALCOI

Entre 1919 i 1923, les troballes localitzades en el jaciment iber de la Serreta d'Alcoi, de gran importància, despertaren l'interés de diversos estudiosos locals. Així, com a conseqüència dels treballs de camp de l'empresari Fernando Ponsell Cortés, el 4 de desembre de 1924 fou descobert el poblat del Mas de Menente. Durant els primers mesos de 1925, i amb les autoritzacions pertinents, Ponsell mamprengué la seua excavació. Per la seua banda, el pèrit industial Ernesto Botella Candela excavà la Mola Alta de Serelles entre el 1925 i el 1928, al costat dels seus cosins Lluís Gisbert Botella i Santiago Reig Candela. Les dos col·leccions estigueren exposades en les cases dels seus excavadors a Alcoi, fins que foren comprades en 1927 i 1937, respectivament, per part de la Diputació Provincial de València.

LOS INICIOS DE LA ARQUEOLOGÍA EN ALCOI

La relevancia de los hallazgos efectuados en el yacimiento íbero de La Serreta de Alcoi entre 1919 y 1923 despertaron el interés de diversos estudiosos locales. Así, fruto de las labores de campo del empresario Fernando Ponsell Cortés, el 4 de diciembre de 1924 fue descubierto el poblado del Mas de Menente. Durante los primeros meses de 1925, y con las debidas autorizaciones, Ponsell emprendió su excavación. Por otra parte, la Mola Alta de Serelles fue excavada entre 1925 y 1928 por el perito industrial Ernesto Botella Candela junto a sus primos Luis Gisbert Botella y Santiago Reig Candela. Ambas colecciones estuvieron expuestas en los domicilios de sus excavadores en Alcoi hasta su compra en 1927 y 1937, respectivamente, por parte de la Diputació Provincial de València.

MAS ᴆ MENENTE

ALCOI

FERNANDO PONSELL CORTÉS

(Alcalà de la Jovada, 1898 - Alcoi, 1975)

CRONOLOGIA: Edat del Bronze. Les mostres datades amb carboni-14 evidencien que estigué habitat entre 2050 i 1900 aC.

LOCALITZACIÓ GEOGRÀFICA: se situa en el terme municipal d'Alcoi. Es troba en el cim d'una xicoteta cresta rocosa dels contraforts meridionals de la serra de Mariola, prop del riu Polop.

INVESTIGACIÓ: Fernando Ponsell descobrí, amb les excavacions realitzades en 1925, huit cambres menudes adossades que donaven a un carrer o corredor. Els estudis més recents mostren que el conjunt de les cambres correspondria a tres edificis que s'hi bastiren amb murs de pedra travats amb fang. En el seu interior hi havia bancs, llars i un fum d'objectes: molins, atifells ceràmics, dents de falç de sílex, una falç de fusta, restes de faves i de cereals carbonitzats, petxines marines perforades, pesos de teler i utensilis de coure com ara destrals, ganivets, punxons i, fins i tot, una serra. La presència d'un "nivell de terres negroses i cendroses" sobre el paviment de les habitacions fa pensar en la seua destrucció degut a un incendi.

PUNTS D'INTERÉS: de les troballes cal destacar l'emmanegament de fusta d'una falç, conservada excepcionalment, en què hi estarien ficades les peces dentades de sílex.

CRONOLOGIA: Edad del Bronce. Las muestras datadas mediante carbono-14 indican que estuvo ocupado entre 2050 y 1900 a.C.

LOCALIZACIÓN GEOGRÁFICA: situado en el término municipal de Alcoi, ocupa la cima de una pequeña cresta rocosa de las estribaciones meridionales de la sierra de Mariola, cerca del río Polop.

INVESTIGACIÓN: las excavaciones efectuadas en 1925 por Fernando Ponsell identificaron ocho pequeñas habitaciones adosadas y comunicadas a una calle o pasillo. Los estudios actuales muestran que el conjunto de las habitaciones correspondería a tres edificios. Se construyeron con muros de piedra trabados con barro y en su interior se detectaron bancos, hogares y una gran cantidad de objetos: molinos, vasijas cerámicas, dientes de hoz de sílex, una hoz de madera, restos de habas y cereal carbonizado, conchas marinas perforadas, pesas de teler y utensilios de cobre como un hacha, cuchillos, punzones y una sierra. La presencia de un "nivel de tierras negruzcas y cenicientas" sobre el pavimento de las habitaciones sugiere su destrucción a causa de un incendio.

PUNTOS DE INTERÉS: entre los hallazgos destaca el enmangue de madera de una hoz, conservada de manera excepcional, en la que irían insertadas las piezas dentadas de sílex.

Fernando Ponsell Cortés

Es formà de manera autodidacta i alternà les activitats arqueològiques amb la seua ocupació professional al capdavant d'una xicoteta indústria tèxtil d'Alcoi. A principis de 1920 fou nomenat director corresponsal del Centre de Cultura Valenciana d'Alcoi. Quan era jove prospectà jaciments de la seua terra natal i realitzà distintes excavacions: en 1923 en el poblat ibèric del Xarpolar (Planes-la Vall d'Alcalà), en 1925 en el Mas de Menente i en 1926 es centrà en el jaciment neolític de la Cova de la Sarsa (Bocairent). Els resultats de les excavacions del Mas de Menente es publicaren en 1926 en les memòries de la Junta Superior d'Excavacions i Antiguitats, i en 1929 en el primer volum de la revista Archivo de Prehistoria Levantina.

De formación autodidacta, alternó sus actividades arqueológicas con su ocupación profesional al frente de una pequeña industria textil en Alcoi. A inicios de 1920 fue nombrado director corresponsal del Centro de Cultura Valenciana en Alcoi. En su juventud prospectó yacimientos de su tierra natal, realizando excavaciones: en 1923 en el poblado ibérico del Xarpolar (Planes-la Vall d'Alcalà), en 1925 en el Mas de Menente y desde 1926 en el yacimiento neolítico de la Cova de a Sarsa (Bocairent). Los resultados de las excavaciones en el Mas de Menente los publicó en las memorias de la Junta Superior de Excavaciones y Antigüedades, en 1926, y en el volumen 1 de la revista Archivo de Prehistoria Levantina, en 1929.

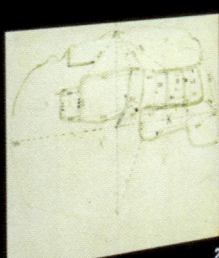

(1)

Suports de fang, peces de teler i instruments de molts.

Soportes de barro, pesas de teler e instrumentos de molienda.

(2)

Plano del Mas de Menente, amb indicació de les dimensions i distàncies dels murs. Elaborat per Fernando Ponsell.

Plano del Mas de Menente, con indicación de las dimensiones y distancias de los muros. Elaborado por Fernando Ponsell.

(3)

Fernando Ponsell Cortés i memòria de les excavacions realitzades al Mas de Menente publicada el 1926.

Fernando Ponsell Cortés y memoria de las excavaciones realizadas en el Mas de Menente publicada en 1926.

EL MAS DE MENENTE

Cronologia: Edat del Bronze. Les mostres datades amb carboni-14 mostren que estigué habitat entre 2050 i 1900 aC.

Localització geogràfica: se situa en el terme municipal d'Alcoi. Es troba en el cim d'una xicoteta cresta rocosa dels contraforts meridionals de la serra de Mariola, prop del riu Polop.

Investigació: Fernando Ponsell descobrí, amb les excavacions realitzades en 1925, huit cambres menudes i adossades que donaven a un carrer o corredor. Els estudis més recents mostren que el conjunt de les cambres correspondria a tres edificis que s'hi bastiren amb murs de pedra travats amb fang. En el seu interior hi havia bancs, llars i un fum d'objectes: molins, atifells ceràmics, dents de falç de sílex, una corbella de fusta, restes de faves i de cereals carbonitzats, petxines marines perforades, pesos de teler i utensilis de coure com ara destrals, ganivets, punxons i, fins i tot, una serra. La presència d'un "nivell de terres negroses i cendroses" sobre el paviment de les habitacions fa pensar en la seua destrucció degut a un incendi.

Punts d'interés: de les troballes cal destacar l'emmanegament de fusta d'una corbella, conservada excepcionalment, en què hi estarien ficades les peces dentades de sílex.

EL MAS DE MENENTE

Cronología: Edad del Bronce. Las muestras datadas mediante carbono-14 indican que estuvo ocupado entre 2050 y 1900 a.C.

Localización geográfica: situado en el término municipal de Alcoi, ocupa la cima de una pequeña cresta rocosa de las estribaciones meridionales de la sierra de Mariola, cerca del río Polop.

Investigación: las excavaciones efectuadas en 1925 por Fernando Ponsell identificaron ocho pequeñas habitaciones adosadas y comunicadas a una calle o pasillo. Los estudios actuales muestran que el conjunto de las habitaciones correspondería a tres edificios. Se construyeron con muros de piedra trabados con barro y en su interior se detectaron bancos, hogares y una gran cantidad de objetos: molinos, vasijas cerámicas, dientes de hoz de sílex, una hoz de madera, restos de habas y cereal carbonizados, conchas marinas perforadas, pesas de telar y utensilios de cobre –un hacha, cuchillos, punzones y una sierra–. La presencia de un "nivel de tierras negruzcas y cenicientas" sobre el pavimento de las habitaciones sugiere su destrucción a causa de un incendio.

Puntos de interés: entre los hallazgos destaca el enmangue de madera de una hoz, conservada de manera excepcional, en la que irían insertadas las piezas dentadas de sílex.

Fernando Ponsell Cortés

(Alcalà de la Jovada, la Vall d'Alcalà, 1998 - Alcoi, 1975)

Es formà de manera autodidacta i alternà les activitats arqueològiques amb la seua ocupació professional al capdavant d'una xicoteta industria tèxtil d'Alcoi. A principis de 1920 fou nomenat director corresponsal del Centre de Cultura Valenciana d'Alcoi. Quan era jove prospectà jaciments de la seua terra natal i realitzà distintes excavacions: en 1923 en el poblat ibèric del Xarpolar (Planes- la Vall d'Alcalà), en 1925 en el Mas de Menente i en 1926 se centrà en el jaciment neolític de la Cova de la Sarsa (Bocairent). En este sentit, els resultats de les excavacions del Mas de Menente es publicaren en 1926 en les memòries de la Junta Superior d'Excavacions i Antiguitats, i en 1929 en el primer volum de la revista *Archivo de Prehistoria Levantina*.

Fernando Ponsell Cortés

(Alcalà de la Jovada, La Vall d'Alcalà, 1898 - Alcoi, 1975)

De formación autodidacta, alternó sus actividades arqueológicas con su ocupación profesional al frente de una pequeña industria textil en Alcoi. A inicios de 1920 fue nombrado director corresponsal del Centro de Cultura Valenciana en Alcoi. En su juventud prospectó yacimientos de su tierra natal, realizando excavaciones en 1923 en el poblado ibérico del Xarpolar (Planes-la Vall d'Alcalà), en 1925 en el Mas de Menente y desde 1926 en el yacimiento neolítico de la Cova de la Sarsa (Bocairent). Los resultados de las excavaciones en el Mas de Menente los publicó en las memorias de la Junta Superior de Excavaciones y Antigüedades, en 1926, y en el volumen I de la revista *Archivo de Prehistoria Levantina*, en 1929.

ERNESTO
BOTELLA
CANDELA

(Alcoi, 1888-1968)

LA
MOLA ALTA
ꝺ SERELLES

ALCOI

Es titulà com a pèrit industrial en les seccions de mecànica i electricitat i desenrotllà la seua labor professional en la seua ciutat natal. A partir de 1940 impartí classes d'electricitat en l'Escola Industrial d'Alcoi. En l'àmbit arqueològic començà a treballar amb Camilo Visedo Moltó, justament en les excavacions del jaciment ibèric de la Serreta, on demostrà les seues aptituds en el dibuix tècnic i en la fotografia. Entre 1925 i 1928, mamprengué l'excavació de la Mola Alta de Serelles, els resultats de la qual es publicarien en les memòries de la Junta Superior d'Excavacions i Antiguitats del 1926 i 1928.

Se tituló como perito industrial en las secciones de mecánica y electricidad, desarrollando su labor profesional en su ciudad natal. A partir de 1940 impartió clases de electricidad en la Escuela Industrial de Alcoi. En su faceta como arqueólogo, inició su actividad junto a Camilo Visedo Moltó, colaborando en las excavaciones del yacimiento ibérico de La Serreta, donde demostró sus habilidades en el dibujo técnico y la fotografía. Entre 1925 y 1928, emprendió la excavación de la Mola Alta de Serelles, cuyos resultados fueron publicados en sendas memorias de la Junta Superior de Excavaciones y Antigüedades en los años 1926 y 1928.

(1)
Ernesto Botella Candela

(2)
Portada de la primera de les memòries publicades de les excavacions en la Mola Alta de Serelles.

Portada de la primera de las memorias publicadas de las excavaciones en la Mola Alta de Serelles

CRONOLOGIA: Edat del Bronze. Les datacions absolutes i la tipologia dels objectes n'emmarquen l'ocupació entre el 1850 i el 1550 aC.

LOCALITZACIÓ GEOGRÀFICA: es troba en el terme municipal d'Alcoi i ocupa un elevat rocós dels contraforts nord-orientals de la serra de Mariola, justament en una posició preeminent de la vall alta i mitjana del riu Serpis.

INVESTIGACIÓ: es descobrí en 1924 i fou excavat per Ernesto Botella, Lluís Gisbert i Santiago Reig entre 1925 i 1928. Els treballs de camp revelaren l'existència d'un gran edifici, definit per un mur perimetral d'uns 32 m de longitud que, en el seu interior, compartimentat per mitjà de barandats, creava diferents habitacions contigües. Quant a les troballes cal destacar un elevat nombre de molins, dents de falç de silex i atifells, a més de braçals d'arquer, pesos de teler, escòries i motles de fosa.

PUNTS D'INTERÈS: un extraordinari conjunt de motles de fosa per a destrals, cosa que dona compte d'una important activitat metal·lúrgica en l'assentament.

CRONOLOGÍA: Edad del Bronce. Las dataciones absolutas y la tipología de los objetos sitúan su ocupación entre el 1850 y 1550 a.C.

LOCALIZACIÓN GEOGRÁFICA: situada en el término municipal de Alcoi, ocupa un elevado espolón rocoso de las estribaciones nororientales de la sierra de Mariola, desde donde se domina el valle alto y medio del río Serpis.

INVESTIGACIÓN: descubierto en 1924 y excavado por Ernesto Botella, Luis Gisbert y Santiago Reig entre 1925 y 1928. Los trabajos de campo revelaron la existencia de un gran edificio, definido por un muro perimetral de unos 32 m de longitud, cuyo interior estaba compartimentado mediante tabiques creando distintas habitaciones contiguas. Entre los hallazgos destacan el alto número de molinos, dientes de hoz de sílex y vasijas, junto a brazales de arquero, pesas de telar, escorias y moldes de fundición.

PUNTOS DE INTERÉS: un excepcional conjunto de moldes de fundición para hachas, que indicaría una importante actividad metalúrgica en el asentamiento.

(1)
Croquis de la Mola Alta de Serelles elaborat per Santiago Reig el 1926.

Croquis de la Mola Alta de Serelles elaborado por Santiago Reig en 1926

(2)
Atuell amb suports de fang i motle de fosa trobats a la Mola Alta de Serelles.

Vasija con soportes de barro y molde de fundición hallados en la Mola Alta de Serelles

LA MOLA ALTA DE SERELLES

Cronologia: Edat del Bronze. Les datacions absolutes i la tipologia dels objectes n'emmarquen l'ocupació entre el 1850 i el 1550 aC.

Localització geogràfica: es troba en el terme municipal d'Alcoi i ocupa un elevat morrot rocós dels contraforts nord-orientals de la serra de Mariola, justament en una posició preeminent de la vall alta i mitjana del riu Serpis.

Investigació: es descobrí en 1924 i fou excavat per Ernesto Botella, Lluís Gisbert i Santiago Reig entre 1925 i 1928. Els treballs de camp revelaren l'existència d'un gran edifici, definit per un mur perimetral d'uns 32 m de longitud que, en el seu interior, compartimentat per mitjà de barandats, creava diferents habitacions contigües. Quant a les troballes cal destacar un elevat nombre de molins, dents de falç de sílex i atifells, a més de braçals d'arquer, pesos de teler, escòries i motles de fosa.

Punts d'interés: un extraordinari conjunt de motles de fosa per a destrals, cosa que dona compte d'una important activitat metal·lúrgica en l'assentament.

LA MOLA ALTA DE SERELLES

Cronología: Edad del Bronce. Las dataciones absolutas y la tipología de los objetos sitúan su ocupación entre el 1850 y 1550 a.C.

Localización geográfica: situada en el término municipal de Alcoi, ocupa un elevado espolón rocoso de las estribaciones nororientales de la sierra de Mariola, desde donde se domina el valle alto y medio del río Serpis.

Investigación: descubierto en 1924 y excavado por Ernesto Botella, Luis Gisbert y Santiago Reig entre 1925 y 1928. Los trabajos de campo revelaron la existencia de un gran edificio, definido por un muro perimetral de unos 32 m de longitud, cuyo interior estaba compartimentado mediante tabiques creando distintas habitaciones contiguas. Entre los hallazgos destacan el alto número de molinos, dientes de hoz de sílex y vasijas, junto a brazales de arquero, pesas de telar, escorias y moldes de fundición.

Puntos de interés: un excepcional conjunto de moldes de fundición para hachas, que indicaría una importante actividad metalúrgica en el asentamiento.

Ernesto Botella Candela
(Alcoi, 1888- 1968)

Es titulà com a pèrit industrial en les seccions de mecànica i electricitat i desenrotllà la seua labor professional en la seua ciutat natal. A partir de 1940 impartí classes d'electricitat en l'Escola Industrial d'Alcoi. En l'àmbit arqueològic començà a treballar amb Camilo Visedo Moltó, justament en les excavacions del jaciment ibèric de la Serreta, on demostrà les seues aptituds en el dibuix tècnic i en la fotografia. Entre 1925 i 1298, mamprengué l'excavació de la Mola Alta de Serelles, els resultats de la qual es publicarien en les memòries de la Junta Superior d'Excavacions i Antiguitats del 1926 i 1928.

Ernesto Botella Candela
(Alcoi, 1888-1968)

Se tituló como perito industrial en las secciones de mecánica y electricidad, desarrollando su labor profesional en su ciudad natal. A partir de 1940 impartió clases de electricidad en la Escuela Industrial de Alcoi. En su faceta como arqueólogo, inició su actividad junto a Camilo Visedo Moltó, colaborando en las excavaciones del yacimiento ibérico de La Serreta, donde demostró sus habilidades en el dibujo técnico y la fotografía. Entre 1925 y 1928, emprendió la excavación de la Mola Alta de Serelles, cuyos resultados fueron publicados en sendas memorias de la Junta Superior de Excavaciones y Antigüedades en los años 1926 y 1928.

LA FUNDACIÓ DEL SIP I DEL SEU MUSEU

El 20 d'octubre de 1927 s'aprovà en la Comissió de la Diputació de València la compra de la col·lecció Ponsell, composta per objectes procedents del Xarpolar i del Mas de Menente. En el mateix document, també s'esmenta la creació d'un Museu Provincial de Prehistòria, que formaria part d'un Servei d'Investigacions Arqueològiques, i se li encomanà a Isidre Ballester i Tormo la seua direcció. Des de llavors, ja fa quasi un segle, el Servei d'Investigació Prehistòrica (SIP) i el seu museu han desenrotllat una notable tasca investigadora que ha fet que atresore una de les col·leccions d'arqueologia públiques més importants de l'Estat espanyol. Així, s'ha consolidat com una institució dedicada a conservar, investigar i difondre el patrimoni arqueològic valencià.

LA FUNDACIÓN DEL SIP Y SU MUSEO

El 20 de octubre de 1927 fue aprobada en la Comisión de la Diputació Provincial de València la compra de la colección Ponsell, compuesta por objetos procedentes del Xarpolar y del Mas de Menente. En el mismo documento, también se menciona la creación de un Museo Provincial de Prehistoria, que formaría parte de un Servicio de Investigaciones Arqueológicas, proponiéndose a Isidro Ballester Tormo su dirección. Desde entonces, hace ya casi un siglo, el Servei d'Investigació Prehistòrica (SIP) y su museo han desarrollado una notable tarea investigadora que ha generado una de las colecciones de arqueología públicas más importantes del Estado español. Así, se ha consolidado como una institución dedicada a conservar, investigar y difundir el patrimonio arqueológico valenciano.

Isidre Ballester i Tormo
(Nerpio, Albacete, 1876- València, 1950)

Es llicencià en Dret per la Universitat de València en 1901 i exercí com a advocat tant en el Cap i Casal com a Albaida, municipi en què vivia. Com que era un polític hàbil, destacà dins del Partit Conservador, cosa que el portà a ser diputat provincial del districte Xàtiva- Albaida, a més d'ocupar la vicepresidència de la Diputació de València. El seu interés per l'arqueologia feu que creara, en 1927, el Servei d'Investigació Prehistòrica de la Diputació de València (SIP) i el Museu de Prehistòria. D'altra banda, mantingué el càrrec de director tècnic d'esta institució fins al seu decés.

Isidro Ballester Tormo
(Nerpio, Albacete, 1876- València, 1950)

Licenciado en Derecho por la Universitat de València en 1901, ejerció como abogado tanto en la capital como en Albaida, localidad donde residia. Hábil político, destacó dentro del Partido Conservador, lo que le condujo a ser diputado provincial por el distrito de Xàtiva-Albaida y a ocupar la vicepresidencia de la Diputació de València. Su interés por la arqueología le llevó a crear, en 1927, el Servei d'Investigació Prehistòrica de la Diputació de València (SIP) y su Museu de Prehistòria, detentando el cargo de director técnico de la institución hasta su fallecimiento.

MODE DE VIDA I CAMPEROLAT

Les comunitats camperoles de l'Edat del Bronze que habitaren les terres valencianes s'organitzaven en xicotets grups familiars. Amb el pas de les generacions, cada grup s'establia en granges o aldees menudes que estaven prop de les terres de conreu. El Mas de Menente i la Mola Alta de Serelles en són bons exemples, ja que allí vivien del seu treball i, alhora, obtenien els aliments que necessitaven. Al blat, l'ordi, les faves, els pèsols i els productes derivats de la cria de cabres, ovelles, vaques i porcs s'afegien altres aliments que havien obtingut per mitjà de la caça i la recol·lecció. Les comunitats construïen les seues vivendes i elaboraven gran part dels instruments de treball aprofitant els recursos del seu entorn. Ara bé, depenien d'altres grups per a superar les adversitats, mantindre's i créixer demogràficament, així com per a aconseguir altres béns necessaris, com ara objectes metàl·lics o adornaments sobre petxines marines o ivori. Tot i que les seues faenes es regien pels principis de l'economia camperola, socialment i econòmicament estaven vinculats a altres poblats amb els quals devien integrar una entitat política major.

MODO DE VIDA Y CAMPESINADO

Las comunidades campesinas de la Edad del Bronce que vivieron en las tierras valencianas se organizaron en pequeños grupos familiares. A lo largo de varias generaciones, cada grupo residía en granjas o pequeñas aldeas cerca de sus tierras de labor. El Mas de Menente y la Mola Alta de Serelles son buenos ejemplos de ello, pues allí vivían de su trabajo, procurándose los alimentos básicos de su dieta. Al trigo, cebada, habas, guisantes y productos derivados de la cría de cabras, ovejas, vacas y cerdos se añadían otros alimentos obtenidos de la caza y la recolección. Construían sus viviendas y elaboraban buena parte de sus instrumentos de trabajo aprovechando los recursos de su entorno inmediato. Sin embargo, dependían de otros grupos para superar adversidades, mantenerse y crecer demográficamente, así como para conseguir otros bienes necesarios, como instrumentos metálicos o adornos sobre conchas marinas o marfil. Si bien en sus quehaceres cotidianos se regían por los principios de la economía campesina, social y económicamente estaban vinculados a otros poblados con los que integrarían una entidad política mayor.

ANNEX / ANEXO
TREBALLS PREPARATORIS / TRABAJOS PREPARATORIOS

UN DEPÒSIT INESGOTABLE DE RESPOSTES: ELS MAGATZEMS DEL MUSEU DE PREHISTÒRIA

Eva Ripollés Adelantado
Ramón Canal Roca

Les persones que ens dediquem a l'arqueologia som plenament conscients que el mètode que fem servir per a conéixer el passat, l'excavació, suposa una destrucció irreversible. Fernando Ponsell degué tindre eixa mateixa convicció quan en 1925, mentre efectuava tasques en el poblat de l'Edat del Bronze del Mas de Menente (Alcoi) va voler condensar en un xicotet flascó de vidre l'essència estratigràfica del jaciment. Amb molta cura, acumulà dins de l'envàs les distintes capes de sediment que havia documentat en l'excavació i, finalment, segellà el conjunt amb un poc de paper i la seua tapa metàl·lica.

Sorprenentment, eixe recipient menut ha aparegut 100 anys després en els magatzems del Museu de Prehistòria de València, mentre es revisaven els materials que han servit per a preparar el muntatge d'esta mostra.

El desenvolupament d'una exposició temporal, com la nostra, és una bona ocasió per tal d'examinar tant els objectes catalogats com els que romanen en els magatzems del museu. Quant al Mas de Menente i la Mola Alta de Serelles, s'ha fet un important treball d'estudi de

---

UN DEPÓSITO INAGOTABLE DE RESPUESTAS: LOS ALMACENES DEL MUSEU DE PREHISTÒRIA

Eva Ripollés Adelantado
Ramón Canal Roca

Quienes nos dedicamos a la arqueología somos plenamente conscientes de que el método que utilizamos para conocer el pasado, la excavación, conlleva una destrucción irreversible. Esa misma convicción debió guiar a Fernando Ponsell cuando en 1925, durante los trabajos que realizó en el poblado de la Edad del Bronce del Mas de Menente (Alcoi), quiso condensar en un pequeño frasco de cristal la esencia estratigráfica del yacimiento. Con mucho cuidado, acumuló dentro del envase las diferentes capas de sedimento que documentó en la excavación y, finalmente, selló el conjunto con un poco de papel y su tapa metálica.

Asombrosamente, ese pequeño recipiente ha aparecido, 100 años después, en los almacenes del Museu de Prehistòria de València, durante la revisión de los materiales que se ha hecho para preparar el montaje de esta muestra.

El desarrollo de una exposición temporal, como la que nos ocupa, es una buena ocasión para examinar tanto los objetos catalogados como los que permanecen en los almacenes del museo. En el caso del Mas de Menente y la Mola Alta de Serelles, se ha realizado un importante

fons i de conservació preventiva i restauració que, tot plegat, ha permés actualitzar la col·lecció. A les peces ja catalogades, 129 del Mas de Menente i 84 de la Mola Alta de Serelles, s'hi afigen ara les que es recuperaren del Mas de Menente en quatre caixes de magatzem que no s'havien revisat des del seu ingrés en el museu, fins a assolir un conjunt que comprén 336 objectes, una bona part incorporats a l'exposició.

Potser, dins de les diverses funcions que en l'actualitat du a terme el museu, la custòdia de fons en els magatzems siga la menys coneguda, però realment és allí on batega el cor de la institució: amplis espais endreçats, plens d'incomptables contenidors amb els seus pertinents números de registre, que atresoren els materials que diferents generacions d'arqueòlogues i arqueòlegs recuperaren amb la seua faena.

Cada bossa de fragments de ceràmica, ferramentes de pedra, objectes d'adornament, utensilis de metall, materials de construcció, restes de fauna i vegetals carbonitzats, espera amb paciència i en silenci dins de la seua caixa, que alguna persona interessada recórrega els corredors dels magatzems i la busque a fi de fer-li preguntes. I tal vegada, si la vareta màgica del temps fa el favor de concedir-los el desig i si la perspicàcia de l'investigador o la investigadora sap plantejar les qüestions adequades, eixes bosses s'obriran i començaran a parlar. Perquè els materials arqueològics són una font inesgotable de coneixement i només qui es dedica a la investigació pot comprendre el plaer intel·lectual que suposa obtindre respostes.

Els magatzems del Museu de Prehistòria, com tota la resta d'àrees de la institució, han evolucionat amb el pas de la seua dilatada història. Fins a començaments dels anys 80 el museu se situava en el Palau de la Batlia i, per la porta del carrer dels Serrans, s'accedia a les

trabajo de estudio de fondos y de conservación preventiva y restauración, que ha permitido poner al día la colección. A las piezas ya catalogadas, 129 del Mas de Menente y 84 de la Mola Alta de Serelles, se suman ahora las que se recuperaron del Mas de Menente en cuatro cajas de almacén que no se habían revisado desde su ingreso en el museu, hasta configurar un conjunto que alcanza los 336 objetos, una buena parte incorporados a la exposición.

Quizás, dentro de las diversas funciones que en la actualidad desarrolla el museo, la custodia de fondos en los almacenes sea la menos conocida, pero realmente es allí donde palpita el corazón de la institución: amplios espacios ordenados, llenos de innumerables contenedores con su correspondiente número de registro, que atesoran los materiales que diferentes generaciones de arqueólogas y arqueólogos recuperaron con su trabajo.

Cada bolsa de fragmentos de cerámica, herramientas de piedra, objetos de adorno, utensilios de metal, materiales de construcción, restos de fauna y vegetales carbonizados, espera pacientemente y en silencio, dentro de su caja, a que alguna persona interesada recorra los pasillos de los almacenes y la busque para hacerle preguntas. Y tal vez, si la varita mágica del tiempo tiene a bien concederles el deseo y si la perspicacia del investigador o la investigadora sabe plantear las cuestiones adecuadas, esas bolsas se abrirán y comenzarán a hablar. Porque los materiales arqueológicos son una fuente inagotable de conocimiento, y solo quien se dedica a la investigación puede comprender el placer intelectual que produce obtener respuestas.

Los almacenes del Museu de Prehistòria, como todas las demás áreas de la institución, han evolucionado a lo largo de su prolongada historia. Hasta principios de los años 80 el museo estuvo ubicado en el Palau de la Batlia y, por la puerta lateral de la calle Serranos, se accedía a las sales on estaven les caixes de materials procedents de les excavacions, ordenades i agrupades per jaciments, amb la seua pertinent etiqueta identificadora. Quan en 1982 es decidí el trasllat del museu a l'antiga Casa de Beneficència s'encetà un llarg procés de disseny de noves fitxes de catàleg i de registre de fons de magatzem, ordenats per número currens, transformació que també feien en eixos moments altres museus provincials. A partir de 1990, comença la informatització de tota la documentació amb la utilització de bases de dades, i s'impulsa l'ús de sistemes d'emmagatzematge i de control climàtic per a la preservació de les col·leccions. Des de l'any 2000, tota la informació generada en el museu es gestiona a través de la plataforma Dédalo, que permet a qualsevol persona interessada accedir-ne als continguts a través de la pàgina web (www.museuprehistoriavalencia.es).

El personal que treballem en el Museu de Prehistòria ens esforcem cada dia per a garantir les millors condicions de conservació dels materials, tant dels que es custodien en els magatzems com el de les sales de reserva i d'exposició. Així, ens assegurem que puguen seguir fent la seua funció: guardar respostes a les preguntes que encara no s'han fet.

salas donde se encontraban las cajas de materiales procedentes de las excavaciones, ordenadas y agrupadas por yacimientos, con su correspondiente etiqueta identificativa. Fue con motivo del traslado del museo a la antigua Casa de Beneficencia, en 1982, cuando comienza un largo proceso de diseño de nuevas fichas de catálogo y de registro de fondos de almacén, ordenados por número currens, transformación que también estaban llevando a cabo en esos momentos otros museos provinciales. A partir de 1990 se inicia la informatización de toda esta documentación, mediante el empleo de bases de datos, y se impulsa el uso de sistemas de almacenaje y control climático para la preservación de las colecciones. Desde el año 2000, toda la información que se genera en el museo se gestiona a través de la plataforma Dédalo, que permite a cualquier persona interesada acceder a los contenidos a través de la página web (www.museuprehistoriavalencia.es).

El personal que trabajamos en el Museu de Prehistòria nos esforzamos, día a día, para garantizar las mejores condiciones de conservación de los materiales, tanto de los que se custodian en los almacenes como en las salas de reserva y exposición. De este modo nos aseguramos de que puedan seguir cumpliendo con su función: guardar respuestas a preguntas aún no planteadas.

RESTAURAR EL QUE S'HA RESTAURAT
Trinidad Pasíes Oviedo
Carla Renovell Anglés

E l laboratori de restauració del Museu de Prehistòria de València sovint s'enfronta al repte d'actuar sobre nombrosos materials arqueològics que s'han intervingut prèviament. De fet, la història del laboratori ha estat estretament relacionada amb la tasca de diversos professionals que, amb esforç i pocs recursos, aconseguiren recuperar un grup considerable de materials que, certament, si no hi hagueren intervingut, haurien tingut un destí pitjor.

Així, quan ens trobem davant dels problemes que causa el tractament d'estes intervencions històriques, ho fem amb una actitud respectuosa i rigorosa. Fins i tot, ens replantegem si seria menester fer una nova proposta amb la finalitat de facilitar la lectura, definir els criteris bàsics de restauració correctament i, per descomptat, tindre millors garanties de conservació.

Este ha sigut el cas de l'actuació sobre les col·leccions procedents del Mas de Menente i de la Mola Alta de Serelles. Conscients de la dificultat que este tipus de decisions comporta, seguírem un plantejament metodològic basat en el criteri de la mínima intervenció necessària.

El primer pas suposa estudiar-ne les alteracions, tant les degudes a agents externs, com les provocades per productes emprats en l'antiga intervenció.

RESTAURAR LO RESTAURADO
Trinidad Pasíes Oviedo
Carla Renovell Anglés

E l laboratorio de restauración del Museu de Prehistòria de València se enfrenta habitualmente al desafío de actuar sobre numerosos materiales arqueológicos que han sufrido intervenciones previas. De hecho, la historia del laboratorio ha estado ligada al trabajo de diversos profesionales que, con no poco esfuerzo y escasos recursos, lograron recuperar un nutrido grupo de materiales que, sin su intervención, habrían corrido peor fortuna.

Por ello, cuando abordamos los problemas que ocasiona el tratamiento de estas intervenciones históricas, lo hacemos con una actitud de respeto y rigor. Incluso, nos replanteamos si es necesaria una nueva propuesta, en pos de una mejor lectura, una correcta definición de los criterios básicos de restauración y, por supuesto, una mayor garantía de conservación.

Este ha sido el caso de la actuación sobre las colecciones procedentes del Mas de Menente y la Mola Alta de Serelles. Conscientes de la dificultad que este tipo de decisiones entraña, seguimos un planteamiento metodológico donde prevaleciera el criterio de mínima intervención necesaria.

El primer paso implica el estudio de las alteraciones, tanto las debidas a agentes externos, como las provocadas por productos empleados en la antigua

Tot seguit, es fa una valoració sobre la necessitat d'una nova actuació, que es fonamenta en si cal o no fer un retoc o eliminar quelcom si fora precís, a partir de diversos aspectes: el seu interès museològic, l'estat de conservació i els riscos que una nova restauració implicaria, a més de la possibilitat que la intervenció anterior afectara negativament les peces, cosa que podria comportar alteracions significatives o modificar-ne la interpretació.

Este procés d'estudis previs es completa amb la investigació documental que revelà una dada important en els informes de la Comissió Permanent de l'Excma. Diputació Provincial de València (sessió del 26 de març de 1928), en què se citava Vicente Petit com a responsable de la "reconstrucció de 62 peces de la col·lecció Ponsell", treball pel qual rebé 500 pessetes Ara bé, al llarg dels anys de vida del museu, a la seua mà s'hi unirien les d'altres restauradors que treballaren en el laboratori, fet que queda palès per l'ús de diversos

intervención. Posteriormente, se realiza una valoración sobre la pertinencia de una nueva actuación, fundamentando la necesidad o no de su retoque o eliminación en base a diversos aspectos: su interés museológico, el estado de conservación y los riesgos que una nueva restauración implicaría, así como la posibilidad de que la intervención anterior afectara negativamente a las piezas, provocando alteraciones significativas o modificando su interpretación.

Este proceso de estudios previos se completa con la investigación documental, que desveló un dato relevante en los informes de la Comisión Permanente de la Excma. Diputación Provincial de Valencia (sesión del 26 de marzo de 1928), donde se cita a Vicente Petit como responsable de la "reconstrucción de 62 piezas de la colección Ponsell", trabajo por el que fue remunerado con 500 pesetas. Sin embargo, a lo largo de los años de vida del museo, a su mano se unirían las de otros restauradores que trabajaron en el laboratorio, lo

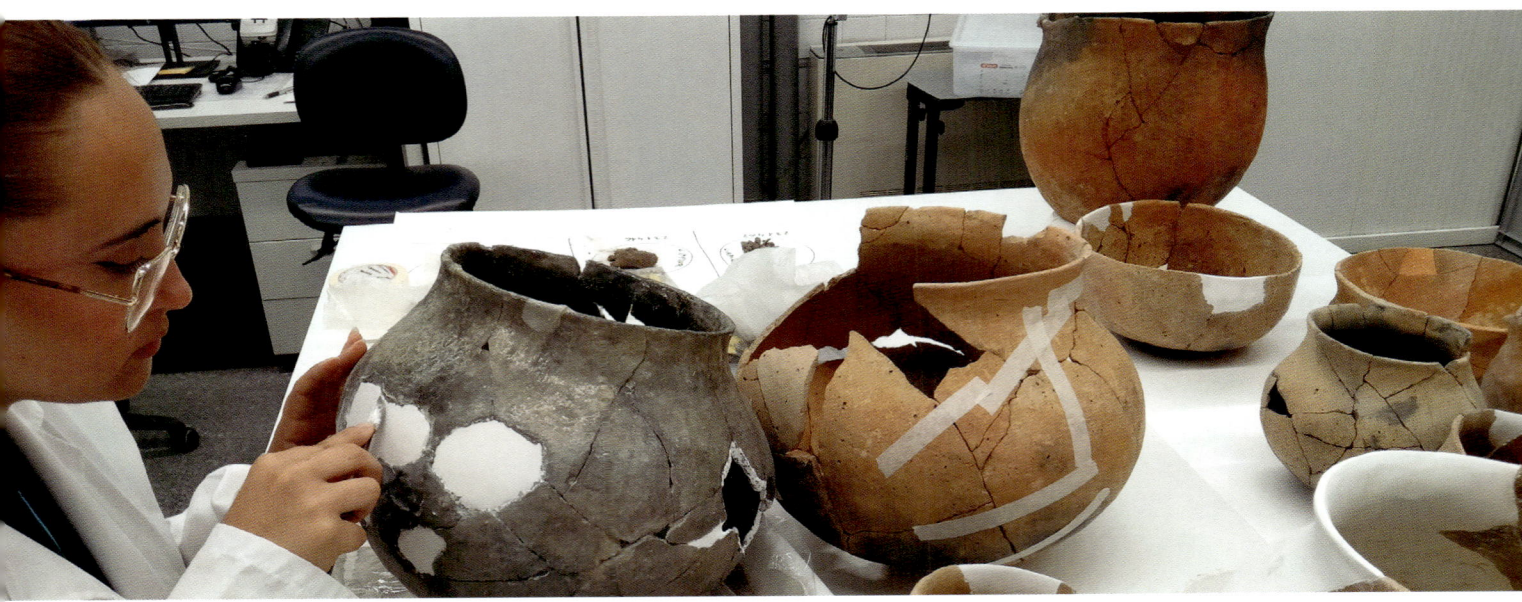

productes, per la varietat d'acabats i per l'aplicació de diferents metodologies d'intervenció que, malauradament, no quedaren registrades documentalment, però que hem pogut descobrir a mesura que es feien noves actuacions.

Una volta definits els criteris bàsics, les intervencions es classificaren en tres grups:

- Eliminació integral de l'antiga intervenció: este criteri s'aplicava sobre les peces amb restauracions mal executades, on s'havien usat productes deteriorats, poc estables i de mala qualitat, que a banda d'això causaven alteracions significatives, ocultaven una part de l'original i provocaven una lectura incorrecta.

- Eliminació parcial de l'antiga intervenció: en les peces en què s'havien usat productes que no afectaven sensiblement la seua conservació, però sí que eren excessivament invasius o mostraven un acabat net i harmònic, es feu una intervenció parcial que incloïa un tractament de neteja superficial, eliminació de repintades i d'excessos de material de farciment.

- No intervenció: se seleccionaren algunes peces rellevants perquè foren conservades en l'estat en què havien arribat fins a l'actualitat, sempre que l'estabilitat estiguera garantida. Estes intervencions antigues no sols formen part de la història de les peces, sinó que també testimonien una valuosa informació que resulta difícil d'aconseguir per altres mitjans sobre els productes i tècniques utilitzats en el passat. La seua eliminació es pot justificar si es considera que perjudiquen la conservació de la peça, però tot i això és important

cual se constata por el empleo de diferentes productos, por la diversidad de acabados y por la implementación de distintas metodologías de intervención, que por desgracia no quedaron registradas documentalmente, pero que hemos ido descubriendo a medida que se desarrollaba la nueva actuación.

Una vez definidos los criterios básicos, las intervenciones se clasificaron en tres grupos:

- Eliminación integral de la antigua intervención: este criterio se aplicó sobre las piezas con restauraciones mal ejecutadas, donde se habían empleado productos ya envejecidos, poco estables y de mala calidad, y que además estaban provocando alteraciones significativas, ocultamiento de parte del original y lectura incorrecta.

- Eliminación parcial de la antigua intervención: en aquellas piezas donde se habían empleado productos que no afectaban sensiblemente a su conservación, pero sí eran excesivamente invasivos o no mostraban un acabado limpio y armónico, se realizó una intervención parcial que incluía un tratamiento de limpieza superficial, eliminación de repintes y de excesos de material de relleno.

- No intervención: se seleccionaron algunas piezas significativas para ser conservadas en el estado en el que habían llegado a nuestros días, siempre que su estabilidad no se viera comprometida. Estas intervenciones antiguas no solo forman parte de la historia de las piezas, sino que proporcionan una valiosa información, difícil de conseguir por otros medios sobre los productos y técnicas empleados en el pasado. Su eliminación puede estar justificada si se considera que perjudican a

conservar estos testimonis per la innegable vàlua que en la seua època tingueren i per la funció que llavors complien.

Seguint estos criteris, es tractaren els diferents tipus d'intervenció de manera individualitzada, atés que era un conjunt que calia que fora coherent i harmònic en l'exposició.

Entre els processos de restauració de les peces que sí que foren intervingudes podem assenyalar els tractaments de neteja, necessaris a fi d'eliminar una gran quantitat de brutícia superficial, sals solubles, concrecions, afegitons i repintades. A banda de l'ús de productes i metodologies tradicionals (banys de dessalació, neteges amb el suport de mitjans mecànics, físics i químics, entre els quals destaquem l'ús d'hexametafosfat de sodi al 5%, o l'agent quelant EDTA bisòdic i tretasòdic al 5%) també s'hi aplicaren sistemes gelificats per a l'eliminació de repintades (Nevek® al 50% en alcohol etílic).

El muntatge de fragments, quan calgué, es feu amb adhesius reversibles com el Mowital B60 HH® o la resina d'acetat de polivinil K60®, ambdós al 25% en alcohol etílic. Respecte a la reconstrucció de llacunes, en les peces en què s'havia plantejat una intervenció integral, les antigues escaioles s'eliminaren i se substituïren per una mescla de guix dental i Polyfilla® (1:1), amb un acabat a baix nivell. Tanmateix, quan la intervenció era parcial, es reutilitzaven les antigues escaioles i s'eliminaven els excessos en llacunes i clevills, al mateix temps que millorava de manera significativa l'acabat superficial. El retoc cromàtic s'efectuà mitjançant un aerògraf amb pintures acríliques Polycolor de Maimeri® i, en conseqüència, es millorà la integració visual.

la conservación de la pieza, pero es importante mantener estos testigos por el innegable valor que en su época tuvieron y la función que cumplieron.

De acuerdo a estos criterios, se abordaron los diferentes tipos de intervención de forma individualizada, teniendo presente que se trataba de un conjunto que debía ser coherente y armónico dentro de la exposición.

Entre los procesos de restauración de las piezas que sí fueron intervenidas podemos destacar los tratamientos de limpieza, necesarios para eliminar una gran cantidad de suciedad superficial, sales solubles, concreciones, añadidos y repintes. Aparte del empleo de productos y metodologías tradicionales (baños de desalación, limpiezas con el apoyo de medios mecánicos, físicos y químicos, entre los que reseñamos el uso de hexametafosfato de sodio al 5%, o el agente quelante EDTA bisódico y tetrasódico al 5%) también se aplicaron sistemas gelificados para la eliminación de repintes (Nevek® al 50% en alcohol etílico).

El montaje de fragmentos, cuando fue necesario, se realizó con adhesivos reversibles, como el Mowital B60 HH® o la resina de acetato de polivinilo K60®, ambos al 25% en alcohol etílico. En cuanto a la reconstrucción de lagunas, en aquellas piezas donde se planteó una intervención integral, las antiguas escayolas fueron eliminadas y sustituidas por una mezcla de yeso dental y Polyfilla® (1:1), con acabado a bajo nivel. Sin embargo, cuando la intervención era parcial, se reutilizaron las antiguas escayolas, eliminando los excesos en lagunas y grietas, y mejorando notablemente el acabado superficial. El retoque cromático se realizó mediante aerógrafo con pinturas acrílicas Polycolor de Maimeri®, con lo que se consiguió una mejor integración visual.

ENGLISH VERSION

THE MUSEUM OF PREHISTORY'S FIRST TREASURES

The Valencia Museum of Prehistory, run by the Provincial Council, houses numerous traces of the societies that occupied the area of Valencia in past times. Its creation dates back to 1927, with the purchase of the collection of objects recovered from the archaeological excavations carried out in 1925 by Fernando Ponsell Cortés at the Bronze Age settlement of Mas de Menente in Alcoi. Some years later, in 1937, the museum acquired the collection belonging to Ernesto Botella Candela, the result of the excavations carried out between 1925 and 1928 at the Mola Alta de Serelles, also in Alcoi.

The present exhibition introduces visitors to some of the earliest treasures discovered by the Prehistoric Research Service (in Spanish, the *Servicio de Investigación Prehistórica*, or SIP), outlines the key stages in its foundation, and underlines the contribution of these two sites to Bronze Age research in Valencia and its surroundings.

A MOSAIC OF CULTURES

Some 4,200 years ago, at the beginning of the Bronze Age, a series of major social and political transformations occurred in the peasant communities that inhabited a large part of the Iberian Peninsula. The main consequence of these changes was the emergence of different cultural groups.

Thus, in contrast to the El Argar culture to the southeast, a culture known as the *Valencian Bronze Culture* developed in a large part of the area around modern-day Valencia. Because of the distinctive features of the Mas de Menente and Mola Alta de Serelles sites, scholars have proposed that these lands made up a specific cultural area.

THE BRONZE AGE IN VALENCIA

The finds made at the Mas de Menente and the Mola Alta de Serelles, together with other sites in the region of Valencia such as the Muntanyeta de Cabrera in Torrent, laid the foundations for the recognition and characterisation of the Valencian Bronze Culture. This term was coined in the 1950s and 1960s by Miquel Tarradell Mateu, professor of Archaeology at the University of Valencia, with the aid of SIP researchers such as Domingo Fletcher and Enrique Pla. The Valencian Bronze Age culture covered a large part of the region, although influenced by the Argaric culture located in the south-east of the peninsula. The defining characteristics of the Valencian Bronze Culture were the high density of small settlements at altitude, the diversity of the burial sites located mainly in caves and crevices close to the settlements and containing practically no grave goods, and the presence of simple ceramic vessels and the absence of the cups typical of the Argaric culture, in addition to a limited variety of copper objects. Today, after 60 years of research, the validity of the term Valencian Bronze Culture is being questioned, due to the coexistence of different societies in the region from the period bteween 2150 BC and approximately 1500 BC.

THE FIRST ARCHAEOLOGICAL EXCAVATIONS

The first archaeological excavation at a prehistoric site in the region was carried out in June 1869, at the instigation of the University of Valencia, and with the express authorisation of the civil governor. For four days that month, digs were carried out at the Bronze Age site of Molló de les Mentires, in Aielo de Malferit, under the guidance of Rafael Cisternas, professor of Zoology at the University of Valencia, and a pupil of his at the time named Eduardo Boscà. The purpose of the dig was to settle the ongoing debate between Cisternas and Juan Vilanova y Piera, professor of Geology and Palaeontology at the Central University of Madrid, regarding a group of sites located in mountainous areas and, specifically, whether they should be interpreted as burial mounds.

Cisternas did not subscribe to the theory, but the results of the excavation did not put an end to the dispute; it was only in the first decades of the twentieth century that these sites were recognised as prehistoric settlements, with the publication of the studies of the SIP's first director, Isidro Ballester Tormo.

THE BEGINNINGS OF ARCHAEOLOGY IN ALCOI

The findings made at the Iron Age site of La Serreta de Alcoi between 1919 and 1923 aroused the interest of several local scholars. As a result of the field work carried out by Fernando Ponsell Cortés, the Mas de Menente settlement was discovered on 4 December 1924. During the first months of 1925 Ponsell began his excavation after obtaining the necessary authorisation. For its part, the Mola Alta de Serelles was excavated between 1925 and 1928 by Ernesto Botella Candela together with his cousins Luis Gisbert Botella and Santiago Reig Candela. The objects uncovered were displayed in the homes of their excavators in Alcoi until both collections were purchased, in 1927 and 1937 respectively, by the Provincial Council of Valencia.

EL MAS DE MENENTE

Chronology: Bronze Age. Carbon-14 dated samples indicate that the site was occupied between 2050 and 1900 BC.

Geographical location: The site is located in the municipality of Alcoi, and occupies the top of a small rocky ridge in the southern foothills of the Mariola mountain range, near the River Polop.

Research: The excavations carried out in 1925 by Fernando Ponsell identified eight small rooms, connected to a street or passageway. More recent studies have suggested that the set of rooms correspond to three buildings, built with stone walls joined together with mud; inside, benches and fireplaces have been identified, along with a large number of items such as mills, ceramic vessels, sickle teeth made of flint, a wooden sickle, remains of carbonised beans and cereals, perforated seashells, loom weights and copper utensils comprising an axe, knives, punches and a saw. The presence of a "layer of blackish, ashen earth" on the floor of the rooms suggests that they were destroyed by fire.

Points of interest: The most notable find is the exceptionally well preserved wooden handle of a sickle, in which the serrated pieces of flint were inserted.

FERNANDO PONSELL CORTÉS
(ALCALÀ DE LA JOVADA, LA VALL D'ALCALÀ, 1898 - ALCOI, 1975)

A self-taught archaeologist, Fernando Ponsell combined his archaeological activities with his position as the owner of a small textile factory in Alcoi. In early 1920 he was appointed corresponding director of the Valencian Cultural Centre in Alcoi. In his youth he explored sites in his native region, carrying out excavations in the Iron Age settlement of Xarpolar in Planesla Vall d'Alcalà in 1923, at Mas de Menente in 1925 and at the Neolithic site of Cova de la Sarsa in Bocairent from 1926 onwards. The results of the excavations at Mas de Menente were published in the annual report of the Junta Superior de Excavaciones y Antigüedades (the Council for Excavations and Antiquities), in 1926, and in volume I of the journal Archivo de Prehistoria Levantina, in 1929.

LA MOLA ALTA DE SERELLES

Chronology: Bronze Age. The absolute dating and the typology of the objects found place its occupation between 1850 and 1550 BC.

Geographical location: The site is located in the municipality of Alcoi, occupying a high rocky spur in the northeastern foothills of the Mariola mountain range, from where the upper and middle valley of the River Serpis can be seen.

Research: The site was discovered in 1924 and excavated by Ernesto Botella, Luis Gisbert and Santiago Reig between 1925 and 1928. The field work revealed the existence of a large building, defined by a perimeter wall of some 32 m in length, whose interior was divided by partitions that created a set of adjoining rooms. Particularly interesting finds include the large number of mills, sickle teeth made of flint, and ceramic vessels together with archer's bracers, loom weights, slag and foundry moulds.

Points of interest: The site contains an exceptional set of foundry moulds used to make axes. Their presence indicates a notable level of metallurgical activity in the settlement.

ERNESTO BOTELLA CANDELA
(ALCOI, 1888-1968)

Ernesto Botella qualified as an industrial expert in mechanics and electricity, and worked in these areas in his hometown. In 1940 he began to teach electricity at the Industrial School of Alcoi. As an archaeologist, he began his activities with Camilo Visedo Moltó, taking part in the excavations of the Iron Age site of La Serreta, where he demonstrated his skills in technical drawing and photography. Between 1925 and 1928, he carried out excavations at the Mola Alta de Serelles, the results of which appeared in separate reports published by the

Council of Excavations and Antiquities in 1926 and 1928.

THE FOUNDATION OF THE SIP AND ITS MUSEUM

On 20 October, 1927, the purchase of the Ponsell collection comprising objects from the archaeological sites of Xarpolar and Mas de Menente was approved by the Commission of the Provincial Council of Valencia. The same document also mentions the creation of a Provincial Museum of Prehistory, which was to form part of an Prehistoric Research Service (SIP). Isidro Ballester Tormo was proposed as its director. Since then, for almost a century, the SIP and its museum have carried out a programme of research that has created one of the most important public archaeological collections in Spain. The SIP has established itself as a key institution in the region of Valencia, dedicated to preserving, researching and disseminating its archaeological heritage.

ISIDRO BALLESTER TORMO
(NERPIO, ALBACETE, 1876-VALÈNCIA, 1950)

After graduating in law at the University of Valencia in 1901, Isidro Ballester practised as a lawyer both in the capital and in Albaida, the town where he lived. A skilled politician, he became a provincial deputy representing the Conservative Party in the district of Xàtiva-Albaida and was appointed vice-president of the Provincial Council of Valencia. In 1927, his interest in archaeology led him to create the SIP and the Museum of Prehistory under the aegis of the Provincial Council. Ballester was to hold the position of technical director of the museum until his death.

LIFESTYLE AND THE PEASANTRY

The peasant communities that lived in the region of Valencia in the Bronze Age were organised into small family groups. Over several generations, each group lived on farms or in small villages near their farmlands. The Mas de Menente and the Mola Alta de Serelles are good examples of these practices, as the communities grew wheat, barley, beans and pulses and created other products derived from the breeding of goats, sheep, cows and pigs; hunting and gathering were other sources of food. The inhabitants built their homes and made a large part of their work tools using the resources of their immediate surroundings. However, they depended on other groups in times of difficulty and to maintain or increase their numbers, and also to obtain other necessary goods such as metal instruments or ornaments made of seashells or ivory. Although in their daily tasks they were governed by the principles of the peasant economy, in social and economic terms they were linked together to other villages with which they formed a larger political entity.